Rupert Neudeck

Das unheilige Land

Rupert Neudeck

Das unheilige Land

Der Konflikt im Nahen Osten –
Warum der Friede verhindert wird

HERDER

FREIBURG · BASEL · WIEN

Israel und die Autonomie-Gebiete der Palästinenser

Israel 1949
Palästinensische
Autonomie-Gebiete

LIBANON
Tyros (Sur)
Kuneitra
Zefat
Golan-
höhen
Akko
SYRIEN
Haifa
Tiberias
Nazareth
See
Genezareth
Jarmuk
Janin
Nablus
Tel Aviv
Lod
West-
jordan-
land
Amman
Ramla
Jericho
Ashdod
JERUSALEM
Askalon
Bethlehem
Gaza
Totes Meer
Hebron
Rafah
Beerscheba
Al Arish
ISRAEL
Negev
JORDANIEN
Port Said
Mittel-
meer
Sueskanal
Ismailia
ÄGYPTEN
Sues
Sinai
Elat
Akaba
Halbinsel
Sinai
Golf von Sues
Golf von Akaba
SAUDI-ARABIEN
0   50   100 km
Scharm esch-Scheich
Rotes Meer

Inhalt

Vorwort

„Rassisten beherrschen dich, o Israel! Herr Ministerpräsident, Rassismus ist Terror. Es ist die Ideologie des von Angst inspirierten Hasses. Redet nicht, entlasst, verurteilt, isoliert sie und ihre Studenten, die ihrer Ideologie anhängen. So lange wie sie an der Macht bleiben und nicht entlassen werden, ist ihr Rabbinat nicht unser Rabbinat, ihre Menschlichkeit nicht unsere Menschlichkeit, ihr Judentum nicht unser Judentum. Und so lange, wie sie unter uns sind, ist unser Lager unrein, rassistisch, nicht moralisch."

Es sind deutliche Worte, mit denen der ehemalige Sprecher des israelischen Parlamentes, Avraham Burg, die Politik seines Landes im Dezember 2010 kritisiert. Vorausgegangen war ein rabbinisches Verbot, Wohnungen oder Land an Nicht-Juden zu verkaufen oder zu verpachten. Ein weiterer Mosaikstein in einem Land voller haarsträubender Verbote und Befehle, das mehr und mehr Abschied nimmt von Demokratie und freiheitlichen Idealen. Avraham Burg bringt dies auf die kurze Diagnose: „Israel ist todkrank."

Der Konflikt im Nahen Osten erstreckt sich auf ein kleines Land. Und doch hat er weltpolitische Bedeutung und Brisanz. Es ist ein riesengroßes Problem, umgekehrt proportional zur Größe des Raumes, über den wir da reden. Der Palästina-Konflikt muss gelöst werden, friedlich und zur Zufriedenheit der Palästinenser.

Es ist klar, dass der größere Teil der Entscheidungen Israel betrifft. Israel muss endlich seine Grenzen akzeptieren. Israel kann nicht dauernd von den umliegenden Menschen und Völkern Vorleistungen verlangen, wenn es sich nicht an die internationale Rechtsordnung hält. Es darf auch nicht weiter dem Volk der Palästinenser die Menschenrechte vorenthalten. Die israelische Politik wird sich, je länger sie auf die Sackgasse der Abschottung der palästinensischen Gebiete setzt, verlaufen. Unter dem Bruch jeglichen Völkerrechts wird sie sich aus dem Kodex und den Überzeugungen der westlichen Welt herauskatapultieren.

Deshalb – wegen der Zerrüttung jeder Friedensaussicht für die Region und für die Welt – kann es nicht so weitergehen. 26 Weisen aus ganz Europa – ehemalige hochrangige Politiker und Staatschefs, darunter auch Helmut Schmidt und Richard von Weizsäcker – haben sich Anfang Dezember 2010 in einem Brief an die Regierungschefs und Außenminister der 28 europäischen Mitgliedstaaten gewandt und Stellung bezogen. Es sind elf Punkte, die sie der EU-Spitze und den Völkern der Region, Israel eingenommen, sagen: Genug ist genug, es muss jetzt ein neuer und anderer Wind in die Politik kommen. Es müsse jetzt auch von Sanktionen gesprochen werden. Diese müssen auch durchgesetzt werden. Wir können nicht mehr warten, bis Israel bereit zu sein scheint, das kleine, winzige Minimum zu akzeptieren, das in dem Baustopp neuer illegaler Kolonien bestehen würde.

Nun antwortet israelische Politik darauf, sie würde ja alles tun, aber es gäbe keine verlässliche Politik seitens der Palästinenser, keinen verlässlichen Partner „auf der anderen Seite". Das ist aber schlichtweg ein gerissenes Spiel: Wie kann Israel von einem Land als „Partner" sprechen und Forderungen stellen, wenn es dieses Land selbst besetzt und mit unmenschlichen Gesetzen und Regelungen geknebelt hält? Die Besatzung aufzuheben, den Staat als Nachbarstaat zu wollen, klare sichere Grenzen zu akzeptieren – das ist alles die Aufgabe Israels. Darauf wartet die Welt nunmehr Jahrzehnte. Bis heute vergeblich.

Israel hat das sehr lange so betreiben können, weil man dem Land immer noch den Bonus gab, dass es unter dem Holocaust, der erschütternsten Erfahrung litt, die je ein Volk machen musste. Aber es ist klar geworden, dass da auch eine regelrechte imperialistische Versuchung von Israel Besitz ergriffen hat, die mühsam religiös und nationalgeschichtlich bemäntelt wird.

Ich bin nicht pessimistisch. Die beiden Völker könnten in der Region eine ganz starke wirtschaftliche Entwicklung beginnen. Aber dazu müssen sie Partner werden, nicht mehr Subjekt und Objekt, Befehlshaber und Sklave. Die Art, wie sich Israel in den Gebieten der Palästinenser mit riesigen Städten und Straßen breit gemacht hat, spottet jedem Völkerrecht. Um dies vollends zu verstehen, muss man sehen, wahrnehmen, ausschreiten. Das müssten auch die Bundestagsabgeordneten (positive Ausnahme: Ruprecht Poilenz, CDU/CSU) tun, die immer noch behaupten, sie verstünden etwas von Palästina und Israel, die sich aber in bequemen und gepanzerten Autos durch dieses Land fahren lassen und dabei nichts sehen. Bisher kann sich Israel immer noch darauf verlassen, dass alle den Saal verlassen, wenn das Wort Rassismus fällt im Zusammenhang mit Israel, oder das Wort Apartheid.

Israel muss seine Politik ganz und ausdrücklich freiwillig und als normale Grundhaltung gegenüber dem palästinensischen Nachbarn, den Nachbarn in den arabischen Staaten sowie dem Iran und Libanon ändern.

Es gibt sie, die Lichtblicke, die großen Denker und Freiheitskämpfer. Auch in Israel gibt es Menschen, die wissen, wie ein langfristiger Friede, Zusammenarbeit, Nachbarschaft und wirtschaftlicher Wohlstand in der Region zu erreichen sind, die mutig die Stimme erheben. Der israelische Schriftsteller David Grossmann sagte am 10. Oktober 2010 bei der Dankesrede für den Friedenspreis des Deutschen Buchhandels: „Israel wurde errichtet, damit die jüdischen Menschen und das jüdische Volk eine Heimstätte bekommen sollten … Doch so lange es keinen Frieden und keine anerkannten festen Grenzen und kein wirkliches Gefühl der Sicherheit gibt, werden wir Israelis hier nicht das Zuhause haben, das uns gebührt und das wir brauchen, so lange werden wir uns in der Welt nicht beheimatet fühlen."

Ich bin optimistisch, was das Leben der Menschen miteinander und zumindest nebeneinander angeht. Schon jetzt arbeitet die Mehrzahl der Palästinenser in den israelischen Kolonien, sie machen das, werfen keine Bomben, weil sie ja nicht dumm sind, denn sie brauchen das Geld, was sie da verdienen. Groteskerweise wirkten sogar palästinensische Arbeiter beim Bau der Mauer im Westjordanland mit, als sie als billige Lohnkräfte für israelische Baufirmen die Errichtung des Bauwerks ausführten, das ein Schandmal für die Entwicklung der Menschheit ist. Die Mauer ist ein Monument der Demütigung. Und das ist das Furchtbarste, was sich israelische Politik leistet. Israel drängt sich damit selbst in die Falle. Das Land hat nicht verstanden, dass es mit der Demütigung aufhören muss. Diese geht mittlerweile weit über die Region der arabischen Nachbarländer hinaus. Israel demütigt den US-Präsidenten. Benjamin Netanyahu zeigt dem jungen Barack Obama immer wieder, wie stark dieses Israel geworden ist. Die israelische Regierung bestimmt, was Washington im Nahen Osten zu tun hat; nach dem Scheitern der wunderbaren Kairo-Rede von Präsident Obama am 4. Juni 2009 und aller Versprechungen von Obama an die muslimische Welt ist das evident.

Mein palästinensischer Freund Daoud Nassar blickt von seinem Haus auf die sechs illegalen israelischen Siedlungskolonien, die sich mit der Förderung durch die israelische Besatzungsmacht in das Land seines Volkes gefressen haben. Er selbst darf auf seinem Land nichts bauen, nicht einmal eine Solaranlage auf seinem Dach. Daoud Nassar sagt: „Israel hat seine Seele verloren. Es muss seine Seele wieder zurückfinden. Und das kann Israel nur selbst tun!"

Ein katholischer Bischof, Msgr. Martin Happe, hat uns in der Islamischen Republik Mauretanien den Weg gewiesen, wie man als Christ den Herausforderungen der Zeit begegnen sollte. Bischof Happe hatte jüngst den Anruf des deutschen Botschafters erhalten. Der Botschafter bat ihn um eine dringende Unterredung. Er entschuldigte sich, dass er nicht zu ihm ins Bischofshaus kommen könne, sondern ihn bitten müsse, zu ihm in die Botschaft zu kommen. Bischof Happe erklärte uns, dass diese Botschaft in den letzten Jahren wie die anderen Botschaftsgebäude westlicher Länder in Mauretaniens Hauptstadt zu einem Hochsicherheitsgefängnis umgebaut worden sei, von hohen Betonmauern, auf denen Stacheldrahtrollen befestigt sind, eingefriedet. Nur durch eine Sicherheitsschleuse könne man überhaupt dort hineinkommen.

Der Botschafter legt dem Bischof dar, er mache sich große Sorgen um ihn. Denn während die westlichen Diplomaten sich nur noch in gepanzerten Wagen in der Hauptstadt bewegen, aus Angst vor Terror-Anschlägen, sei bei ihm im

Bischofshaus die Tür weit geöffnet für alle, die ihn besuchen wollen, er gehe auch zu Fuß durch die Stadt. Dann ließ er die Katze aus dem Sack: Der Botschafter sollte dafür sorgen, dass sein Bischofs-Haus rund um die Uhr von mauretanischen Sicherheitskräften bewacht wird. Darüber hinaus wollte er ihm eine Art Pieper an den Gürtel hängen.

Der Bischof macht sich klar, was das bedeuten würde für die kleine Herde von Christen in der Islamischen Republik Mauretanien. So ähnlich würde es ja auch in Israel und Palästina sein, würden da die religiösen Führer Ähnliches verfügen. „Die Katholiken bekämen es mit der Angst zu tun und kämen nicht mehr zu den Gottesdiensten; Tausende von Kranken würden nicht mehr versorgt; und wie sollte ich mit dem Kreis meiner mauretanischen Freunde in Kontakt bleiben, die sich oft und gerne mit mir, dem katholischen Bischof treffen?" Bischof Happe ist überzeugt: „Wir können eine ganze Menge erreichen, wenn wir daran glauben, dass Gewalt und Terror nicht das letzte Wort haben werden. Wenn wir in das gleiche Horn blasen würden wie die, die sich einmauern, dann erreichten die Terroristen genau das, was sie zu erreichen suchen".

Das Wiederfinden der Seele Israels, der Idee von Freiheit und Brüderlichkeit, der erfüllten Sehnsucht nach Heimat möchte ich mit diesem Buch unterstützen. Auf dass wir uns bald und endgültig im Nahen Osten und in der Welt wahrlich Frieden, Shalom und Salam zusprechen können.

Rupert Neudeck, Dezember 2010

Ungeliebter Nachbar
Das Schicksal des Iran

Der Iran ist ein unglückliches Land. Er verfügt über ungeahnte Potenziale an intellektueller Kraft, über große Talente und charismatische Persönlichkeiten, die im Sinne der Region in der Welt wirken könnten; aber viel zu viele dieser Potenziale können in unserer Zeit nicht genutzt werden.

Der Schah Reza Pahlavi schuf während seiner Regierungszeit von 1941 bis 1979 viele Voraussetzungen für eine Modernisierung des Iran, schaffte es aber auf der anderen Seite nicht, das autoritäre politische System zu öffnen. Das Land entglitt in eine brutale und tyrannische Diktatur. Der Schah musste schließlich abtreten und floh am 16. Januar 1979 ins Exil.

Aber wer sollte das Land dann voranbringen? Große Erwartungen ruhten auf Ayatollah Chomeini, der bei seiner Rückkehr aus dem französischen Exil die Hoffnungen der überwiegenden Mehrheit der Iraner auf sich vereinte, der Gläubigen und der nicht so Gläubigen, der Arbeiter und der Beamten, der jungen und der alten Perser. In Paris war er noch derart alternativ aufgetreten, dass sich sogar der in Deutschland lebende 68er-Studentenführer und Rebell Bahman Nirumand begeistert auf den Weg zurück in seine Heimat machte.

Doch die Hoffnungen in Chomeini sollten sich nicht erfüllen. Am 1. Februar 1979 kehrte Ayatollah Chomeini unter dem Jubel von hunderttausenden Iranern aus Paris nach Teheran zurück. Zehn Tage später, am 11. Februar 1979 – daran muss man noch erinnern –, erklärte sich das Militär für neutral, woraufhin der letzte Regierungschef des Schahs, Shapur Bachtiar, aus dem Land floh und untertauchte. Chomeini verkündete den Sieg der Revolution und rief am 1. April 1979 die „Islamische Republik Iran" aus – keinesfalls ein Schritt in Richtung Moderne, sondern die Zementierung eines theokratischen Staates. Revolutionäre lieben, das wissen wir seit der Französischen Revolution, ganz neue Zeitrechnungen, ganz neue Rechts- und Lebensverhältnisse. Die neue Zeit, die von den iranischen Revolutionären ausgerufen wurde, offenbarte ihren Charakter auch in dem „Todesurteil", das Chomeini am 14. Februar 1989 gegen den britisch-indischen Autor des Buches „Die satanischen Verse", Salman Rushdie, in einer religiösen Fatwa ausrief – um nur ein Beispiel des „neuen Geistes" zu nennen.

Die einzige iranische Konstante scheint der „Hass auf den Westen" zu sein, wie es der Schweizer Soziologe Jean Ziegler nennt. Den vom CIA und den Briten gemeinsam organisierten und vom Schah unterstützten Sturz eines weiteren großen Hoffnungsträgers, Mohammad Mossadegh, der von 1951 bis 1953 Premierminister des Iran war und zum Nutzen des Volkes und des Volkswohlstandes die Ölfirmen verstaatlichte, haben die Iraner nicht verwunden. Daher gärt noch immer ein beständiges Misstrauen der Iraner gegen den vollmundigen Westen, der klug daherredet und sich für den einzigen universalen Verfechter der Menschenrechte hält, es aber nicht ist.

Christiane Hoffmann, die jahrelang im Iran gelebt und als Korrespondentin für die Frankfurter Allgemeine Zeitung gearbeitet hat, stellte in ihren Berichten dar, dass man als Europäer den Iranern im Bewusstsein einer deutschen Schuld begegne, einer Schuld, die „in der kolonialistischen Vergangenheit des Westens im Iran begründet liegt". Auf diese kolonialistische Vergangenheit wird der Besucher, der Diplomat, der Helfer andauernd hingewiesen. Und man stößt dabei unweigerlich auf den Namen Mohammad Mossadegh. Mit einer Neigung zur Verklärung wird die Regierungszeit Mossadeghs heute von vielen Iranern als die große verpasste Chance der iranischen Zeitgeschichte gesehen.

Unter Ayatollah Chomeini kam es zu einem der furchtbarsten Ermüdungskriege, den die moderne Welt je erlebt hat. Am 22. September 1980 griff der Irak unter Führung Saddam Husseins den Iran an. Die US-amerikanische Regierung erklärte den unter den Schlägen des Irak fast zusammenbrechenden Iran zum „Sponsor des internationalen Terrorismus" und setzte das Land auf die US-Liste der „Schurkenstaaten".

Mit Unterstützung aller westlichen Länder gelang es Saddam Hussein, der 2003 von George W. Bush zum „Teufel in Diktatorgestalt" erklärt wurde, den Iran immer mehr zu schwächen. Im Iran wuchs unterdessen unter den Mullahs und Ayatollahs eine künstliche und wirkliche Bereitschaft zum Märtyrertod. Der Krieg dauerte acht Jahre. Seinen Höhepunkt erreichte er 1985, als irakische Bomber begannen, iranische Städte anzugreifen. Am 4. März 1985 bombardierte die irakische Luftwaffe ein Stahlwerk in der Stadt Ahwaz. 12 Arbeiter wurden ermordet, 28 verletzt. Der Iran beschoss daraufhin die Stadt Basra mit Artillerie. Der Irak antwortete mit einem Raketenangriff auf Teheran, Isfahan und Täbris und erklärte den iranischen Luftraum zum Kriegsgebiet. Das war die Ankündigung, die den gesamten Luftverkehr nach Teheran lahmlegte. 1500 Ausländer und sowjetische Experten verließen fluchtartig die Hauptstadt. Die Iraner spürten die Überlegenheit der irakischen Luftwaffe, die auch aus den USA Unterstützung bekommen hatte, und antworteten mit Raketenangriffen: am 11. März auf Kirkuk und vom 14. bis 31. März 1985 auf Bagdad.

Teheran wurde allein 37-mal angegriffen. Die Iraner schossen ebenfalls Raketen ab, meist in Grenznähe. Die irakische Regierung setzte 1985 schließlich auch Giftgas ein, was nicht zum ersten Mal geschah. Am 19. März behauptete die irakische Regierung, der iranische Angriff sei zurückgeschlagen worden und die Iraner hätten 23.000 Tote zu beklagen.

Es kam zu Protesten im Iran gegen das Regime, das diesen Krieg weiter vorantreiben wollte. Menschen verließen Teheran nachts, um außerhalb der Stadt zu übernachten. Die herrschenden Geistlichen hingegen organisierten Demonstrationen für die Fortsetzung des Krieges und für den Erhalt der Mullahregierung. Die größte dieser Demonstrationen fand am 15. Juni 1985 statt. Die Regierung behauptete, es hätten fünf Millionen Menschen daran teilgenommen; dies war natürlich eine starke Übertreibung. Der in Teheran arbeitende Korrespondent einer französischen Nachrichtenagentur sprach von „einigen Tausend". Dies empörte die Regierung so sehr, dass er des Landes verwiesen wurde. Die Bevölkerung litt unter der Kriegssituation besonders; so waren beispielsweise die Preise der Lebensmittel um gut 350 Prozent gestiegen, ohne dass die Gehälter angehoben worden wären. Als

Ausländer, so berichtete der damalige Korrespondent der Neuen Züricher Zeitung, Arnold Hottinger, bekam man vieles von den Protesten mit, Botschaften wurden den Korrespondenten zugeflüstert: Die Geistlichen ruinierten das Land, das Volk sei ihrer müde.

Im Iran waren 85 Prozent der Bevölkerung unzufrieden und sehnten einen Regimewechsel herbei. Das scheint mir heute ähnlich. Mit jedem Taxifahrer, den wir in Maschad anheuern, um die Arbeitsbasis unserer Grünhelme in West-Afghanistan zu erreichen, ist es das gleiche Spiel. In seinem Auto und mit Ausländern fühlt er sich sicher und beginnt vehement auf das Regime zu schimpfen. In Maschad am Flughafen, wo ich immer mehrere Stunden warten musste, haben mich wildfremde Leute angesprochen und mir gesagt, wie sie sich für dieses Regime schämen.

Als am 15. August 1985 die irakischen Luftangriffe auf die Verladeinsel Kharg begannen, wirkte sich dies auf die iranischen Erdölexporte aus. So wurde der Iran im September 1985 gezwungen, die Ölexporte vorübergehend einzustellen.

Der lange Krieg wurde erst 1988 beendet und hatte beide Länder erschöpft. Das Trauma dieses Krieges schlug auch in „Hass auf den Westen" um, der geschlossen auf Seiten des säkularen Saddam Hussein gestanden und ihn gegen das Ayatollah-Regime unterstützt hatte.

Der Staatsgründer und Revolutionsinspirator Ayatollah Chomeini starb am 3. Juni 1989 an Krebs. Als sein Nachfolger und geistlicher Führer wurde Ali Chamenei eingesetzt. Neuer Staatspräsident wurde der mächtige, auch wirtschaftlich potente Akbar Hashemi Rafsandschani. Nun setzte eine hermetische „Mullahkratie" ein, die bis heute Bestand hat, obwohl inzwischen der große Ayatollah Chamenei im Hintergrund die Fäden zieht und den jungen Nicht-Kleriker Ahmadinedschad nach seiner Pfeife tanzen lässt. Das Prinzip des Regimes höhlte die Prinzipien einer säkularen Demokratie aus. Nach dem Grundsatz des sogenannten „Welayat e Faqih", zu Deutsch etwa der „Herrschaft der islamischen Rechtsgelehrten", funktionieren Wahlen und ähnliche demokratische Verfahren immer nur unter dem Vorbehalt, dass die totale Herrschaft der islamischen Rechtsgelehrten oder Kleriker aufrechterhalten und garantiert bleibt. Ahmadinedschad kann sich bei den Mullahs nur durch Übererfüllung des theokratischen Hardliner-Kurses behaupten.

Hinzu kommt, dass ihm als Aufsteiger eine ganze Menge Sympathien von Seiten der ländlichen bzw. einfacheren Bevölkerungsgruppen zukommt – zumal er im persönlichen Lebensstil nicht korrupt ist, sondern weiter bescheiden wohnt. Ein Umstand, der ihn schützt – von der anderen Hälfte der Gesellschaft, den Gebildeten und Ausgebildeten, den kleinen und mittleren Unternehmern, den jungen Säkularen kann er nicht so schnell aus der Bahn geschafft werden. Und dadurch, dass der Westen auf die genüsslich von Ahmadinedschad konzipierten Provokationen hereinfällt, gibt man ihm in seinem Volk mehr Kredit, als ihm eigentlich zusteht.

Man stelle sich nur vor, die Präsidenten und Regierungschefs der EU hätten sich nach den iranischen Parlamentswahlen 2008 regelmäßig nur an das Volk im Iran gewandt, hätten die protestierende Opposition unterstützt, hätten ganz auf die iranische Karte gesetzt, nicht auszudenken, wie anders es im Sommer 2010 bei den regierungskritischen Demonstrationen hätte aussehen können.

Immer wieder wehren sich die Menschen, vor allem die junge Schüler-, Lehrlings- und Studentengeneration, die einen Ausweg in die Moderne sucht, gegen den geistig engen, klerofaschistischen Staat. Am 23. Mai 1997 wird unter dem Jubel der Opposition der als gemäßigt und als Reformer geltende Mohammed Chatami als Nachfolger von Rafsandschani zum Präsidenten gewählt. Es kommt zu einem erbitterten Machtkampf mit der zweiten und – im Zweifelsfall – mächtigeren Regierung im Iran, mit dem geistlichen Wächteramt unter Ali Chamenei. Am 8. Juni 2001 wird Chatami als Präsident mit 75 Prozent der Stimmen wiedergewählt, er enttäuscht aber die immer größer werdende Opposition im Lande zunehmend, weil er seine Öffnungsversprechen zum Westen bzw. zur Moderne nicht wahrmachen kann oder will. Im August 2005 kommt es zu zwei Ereignissen, die die gesamte Welt bis 2010 in Atem halten. Zum einen wird der als ultrakonservativ geltende Mahmud Ahmadinedschad zum neuen Staatspräsidenten gewählt, mit dem auch die geistliche Wächteramts-Regierung unter Ali Chamenei keine Probleme mehr hat. Zum anderen wird im August 2005 das Siegel der Internationalen Atomenergiebehörde IAEA an der Atomanlage in Isfahan entfernt und der Iran nimmt die Fabrik zur Uranumwandlung souverän in Betrieb.

Ich kenne den Iran persönlich durch Transitreisen auf dem Weg von und nach Afghanistan. Da die Grünhelme in Afghanistan vor allem in der Provinz Herat arbeiten, nehmen wir den Weg über Teheran-Maschad und nicht über Kabul. Der Iran geht fließend in Afghanistan über, Afghanistan fließend in den Iran. Sobald ich Afghanistan über die Grenze in den Iran verlasse, fühle ich mich immer, als kehre ich zurück in die Zivilisation. Afghanistan ist das Land, das meinem Herzen nahe steht, aber der Iran ist das mächtigere, das trotz der Mullahkratie in die Moderne voranstürmt. Uns fehlen viele Kenntnisse, die wir durch Vorurteile auffüllen. So löst man beispielsweise großes Erstaunen aus bei den Deutschen, wenn man sagt, dass der Iran auf dem Weg in die Moderne und den modernen globalisierten Welthandel um Lichtjahre weiter sei als Afghanistan. Die afghanischen Frauen, die mit ihren Familien jahrelang im Iran im Exil lebten, waren geprägt von einem Islam, dem gegenüber der afghanische ein mittelalterliches Dunkelmännerimperium darstellt. Ismael Khan, der damalige Gouverneur der afghanischen Provinz Herat, wollte zum Beispiel um alles in der Welt verhindern, dass Frauen den Führerschein machen und allein Auto fahren durften.

Die Korrespondentin Christiane Hoffmann hatte den großen Vorteil, den Iran auch als Ehefrau des schweizerischen Botschafters und zudem als Schwangere kennenzulernen. Unter diesen Voraussetzungen bekam sie dort sehr viel von den gesellschaftlichen Verhältnissen zwischen Mann und Frau mit.

Nur als Frau war ihr das Thema Prostitution überhaupt zugänglich. Sie durfte nach langem Zögern der Zensurbehörde mit einer Prostituierten sprechen, die in diesem Gewerbe arbeitet, weil sie sich von ihrem Mann getrennt hat und in Geldnöten ist. Eine Scheidung ist nicht einfach für eine Frau. Sie gelingt meist nur, wenn der Mann drogenabhängig ist und die Frau dies beweisen kann. Die Prostituierte, die die deutsche Korrespondentin befragen durfte, ist voller Scham und Schuld über das, was sie tut. Dass es Prostitution gibt, ist genauso bekannt wie die Existenz von Alkohol. Auch wenn es strikt verboten ist, auch nur einen Tropfen davon ins Fluggepäck zu packen.

Die Prostituierte verdient mit jedem Kunden 20 Euro. Aber sie schämt sich vor ihrem Sohn. Und wenn ihre Mutter das erfahren würde, dürfte sie nie wieder nach Hause kommen. Sie erzählt der Korrespondentin, sie sei Muslimin. 2004 sei sie nach Mashad zum Schrein von Imam Resa gepilgert, um Buße zu tun.

In der Zensurbehörde wird dieser Artikel über die Prostitution argwöhnisch gelesen und in der konservativen Zeitung „Keyhan" ist von einer deutschen Journalistin die Rede, die lügenhafte Behauptungen über den Iran verbreite.

Jeder weiß, dass es Prostitution gibt, aber es soll nichts davon nach außen dringen. Christiane Hoffmann wird vom Zensurwächter des Landes wie eine Diplomatin ins iranische Kultusministerium einbestellt.

Der Beamte versucht ihr klarzumachen, dass es dieses Problem im Iran gebe, dass es jedoch nicht so schlimm sei wie in westlichen Ländern. Als Begründung führt der Beamte an, dass sich jene Frauen im Westen nicht für die Prostitution schämten. „Der Westen versteht den Iran nicht, oder schlecht", sagt der Beamte und führt das Beispiel der Steinigung von Ehebrecherinnen als Beleg dafür an. „Die Europäische Union hat verlangt, dass wir den Vollzug der Steinigungen während des Menschenrechtsdialoges aussetzen. Wir haben dem als Geste guten Willens zugestimmt." Die EU glaube, dass diese Forderung im Sinne der verurteilten Frau sei. Aber sie ist es nicht. Die Alternative der Steinigung sei die Erhängung durch den Strang.

Trotzdem gibt es so manche Bewegungen im Iran, die wir ihm in diesen Formen nicht zugetraut hätten. Jürgen

Habermas und Hans Küng halten dort beispielsweise Vorlesungen. Bei einer dieser Vorlesungen, die starken Beifall fand, sagte Habermas in Teheran: Toleranz gebe es nur gegenüber legitimen Überzeugungen, nicht aber gegenüber Überzeugungen, die auf Vorurteilen begründet seien. Nur, fragt die Korrespondentin Hoffmann, wer unterscheidet legitime von illegitimen Überzeugungen, legitime Überzeugungen von Vorurteilen?

Das ist für den Westler, besonders für die Frauen im Westen, aber gleichermaßen für uns Männer der so schwierige und schwer aushaltbare Widerspruch. Wir möchten, ich möchte meine Überzeugung von der Gleichwertigkeit der Kulturen nicht aufgeben. Gleichzeitig will und kann ich eine Kultur, die Frauen diskriminiert, nicht als gleichwertig ansehen.

Was wir auch nicht für möglich halten würden: Das einzige Land der arabisch-persischen Hemisphäre im Nahen Osten, das noch eine jüdische Gemeinde und ein Gemeindeleben in größerer Zahl beheimatet, ist der Iran.

Die Geschichte der Juden im Iran begann schon mit dem Perserkönig Kyros, der 539 v. Chr. Babylonien eroberte. Er erschien den dort lebenden Juden als Retter, da er versprach, die Traditionen, Bräuche und Religionen aller Völker seines Reiches zu achten. Auch in der jüngeren Geschichte des Iran gibt es zahlreiche Beispiele für ein friedvolles Zusammenleben von Juden und Muslimen im Iran. Es darf deshalb nicht immer nur an den Holocaust-Leugner Ahmadinedschad ins Feld geführt werden; vielmehr muss beispielsweise auch des Diplomaten Abdolhossein Sardaris gedacht werden, der als „iranischer Schindler" gilt. Er hat Hunderten von Juden aus Frankreich das Leben gerettet, indem er ihnen einen iranischen Pass verschaffte. Diese Geschichte wird in der TV-Serie „Zero Degree turn" nacherzählt, die das iranische Fernsehpublikum einmal pro Woche tief bewegt.

Auch heute lebt im Iran eine jüdische Minderheit, die treu ihren Liturgien und Riten, ihren Sitten und Gebräuchen nachgeht. Vor dem Sieg der Islamischen Revolution im Jahr 1979 umfasste die jüdische Gemeinde schätzungsweise 80.000 Menschen. Seither schrumpfte diese Gemeinschaft jedoch stetig und man geht derzeitig davon aus, dass noch etwa 35.000 Juden im Iran ansässig sind. Den Offiziellen ist es wichtig, dass die Kritik, die an der Politik des Staates Israel geübt wird, nicht als eine prinzipielle Kritik an der Existenz der „großen, göttlichen Religion" missinterpretiert wird. Die Autorin Andrea Claudia Hoffmann hat herausgefunden, dass es auch in der Zeit des Schah ein sehr lebendiges religiös-synagogales Leben gegeben habe. Auch in der Zeit nach der Islamischen Revolution seien die Synagogen voll gewesen. „Ihre [gemeint ist die jüdische Gemeinde] besondere Sandwich-Position zwischen den nahöstlichen Antagonisten führte dazu, dass sich auch jüngere Gemeindemitglieder stärker auf ihre religiöse Identität besannen."[1] Es gebe allein in der stetig wachsenden Hauptstadt des Iran elf Synagogen, an die meistens eine Hebräischschule angeschlossen sei. Außerdem gebe es eine jüdische Bibliothek, ein jüdisches Altenheim, einen jüdischen Friedhof und zwei Restaurants, in dem koschere Speisen gekocht und angeboten würden. Das jüdische Leben in der Hauptstadt der Mullah Republik floriere.

Unsere Haltung und Politik dem Iran gegenüber kann heute nicht als vorurteilsfrei beschrieben werden. Eine gewisse Hysterie hat sich ausgebreitet, die mit dafür verantwortlich sein dürfte, dass beispielsweise die folgende „Kleinigkeit" in der politischen und medialen Öffentlichkeit meist übersehen wurde: Die Nachrichtenagenturen haben berichtet, der iranische Präsident Mahmud Ahmadinedschad habe im Oktober 2005 wörtlich gesagt, dass Israel von der Landkarte getilgt werden müsse. Doch Maurice Motamed, der die jüdische Minderheit im iranischen Parlament vertritt, erklärt, dass der Präsident dies nicht gesagt habe: „Die offizielle Staatsideologie unterscheidet zwischen der jüdischen Ideologie einerseits und der zionistischen Bewegung andererseits. Während man unsere Religion schätzt und respektiert, wird die Besetzung Palästinas durch die Juden abgelehnt und als geschichtliches Unrecht verdammt." Tatsächlich habe der Präsident gefragt, ob wir wohl je eine Welt ohne Zionismus erleben werden. Er zählte die Unrechtsregime vom Schah im Iran und von Saddam Hussein im Irak auf, deren Ende der Ayatollah Chomeini vorausgesagt habe. Danach kam er auf die Situation in Israel zu sprechen: „Der liebe Imam hat uns gesagt: ‚Das Besatzerregime muss von den Seiten der Geschichte gestrichen werden'. Dieser Satz ist sehr weise. Das Thema Palästina ist keines, bei dem wir Kompromisse machen können." Der iranische Präsident hatte also nicht die „Auslöschung der Juden und des Staates Israel" im Sinne eines Genozids verlangt, sondern die Abschaffung des in seinen Augen rassistischen Regimes. Die Agenturen AP, AFP und auch die deutsche Presseagentur sowie viele Tageszeitungen mussten schließlich ihre Nachricht korrigieren.[2]

Das Land ist nicht so einseitig an der Misere der Weiter-verbreitung von Nuklearwaffen schuldig, wie meist ange-nommen wird. Vielmehr könnte man im Gegenteil sagen, dass internationale Geschäftsinteressen und eine totale Ungleichbehandlung dazu geführt haben, dass das derzei-tige Chaos bei der Frage nach dem rechtmäßigen Besitz nuklearer Waffen entstanden ist.

Der Atomwaffensperrvertrag beinhaltet ein Verbot der Verbreitung von Atomwaffen und verpflichtet jene Staa-ten, die den Vertrag unterzeichnet haben, zur Abrüstung von Kernwaffen. Weiterer Gegenstand des Vertrags ist das Recht auf eine friedliche Nutzung von Kernenergie. Indien, Pakistan, Israel, Nordkorea und demnächst der Iran zählen nicht zu den Mitgliedern. Damit sei die „Weltlage heute viel gefährlicher als in den Jahren des Kalten Krieges. Es wäre absurd anzunehmen, dass es bei den gegenwärtigen Verhältnissen bleibt, zumal wir einen deutlichen Ausbau der Kernenergie erleben", schreibt Stephanie Cooke in ih-rem Buch „Atom", in welchem sie den Leser über die Pro-blematik der Nuklearindustrie aufzuklären versucht.[3]

Die Autorin ist sich sicher, dass die bisherigen Institu-tionen und Abkommen, die geschaffen und unterzeichnet wurden, nur den Anschein von Sicherheit erwecken kön-nen. Die IAEO, die Internationale Atomenergie-Organi-sation, leide unter dem Doppelmandat, mit dem sie be-auftragt ist: Einerseits soll sie die Kernenergie fördern, gleichzeitig soll sie sie überwachen. Wenn die Regierun-gen es mit der Kontrolle der Kernenergie wirklich ernst meinen, müssten sie zuerst die janusköpfige Rolle der IAEO infrage stellen.

Die nukleare Frontzone verläuft zwischen dem Iran im Westen und Nordkorea im Osten. Hier spielten Nordkorea und Pakistan eine wichtige Rolle – eine Rolle, die auf einem gegenseitigen Austausch von Wissen basierte. Die Nordkoreaner tauschten ihre Raketenpläne mit den Pakistanern gegen die Fachkenntnisse des Erfinders der pakistanischen Atombombe Abdul Kadir Khan in der Zentrifugentechnik ein. Vergessen wird häufig auch, dass sich die später ermordete pakistanische Politikerin Benazir Bhutto im Dezember 1993 in die Hauptstadt Nordkoreas, Pjöngjang, begab und dort erklärte: „Pakistan hält daran fest, dass die Nichtweiterverbreitung von Atomwaffen nicht als Vorwand dafür dienen darf, den Erwerb und die Entwicklung von Nukleartechniken für friedliche Zwecke zu verhindern."

Als wir in den 90er Jahren begannen, mit Cap Anamur in Nordkorea zu arbeiten, konnte man annehmen, dass die Nordkoreaner wohl schon so weit waren, im hundert Kilometer nördlich von Pjöngjang gelegenen Komplex Yongbyon Plutonium zu erzeugen. Und zwar aus natürlichem Uran, das man im Lande – interessanterweise mit Hilfe der Internationalen Energieorganisation – gefunden haben wollte. Um die IAEO jedoch aus dem Lande zu schaffen, kündigte man vorsorglich am 11. Januar 2003 den Atomwaffensperrvertrag.

Die so entstandene Machtposition, nämlich einerseits im Windschatten und unter dem Schutz Chinas zu stehen und andererseits den Nachforschungen der IAEO durch die Kündigung des Atomwaffensperrvertrags nicht mehr unterworfen zu sein, nutzte Nordkorea zu einem Vertrag mit den USA. Nach diesem Abkommen sollte Nordkorea seinen Plutoniumbetrieb in Yongbyon einstellen und dafür zwei große Reaktoren im Wert von fünf Milliarden US-Dollar plus Heizöl bekommen.

Dieses Vorhaben beobachteten die Iraner in Teheran mit großem Interesse. Ihnen wurde klar, dass ein Staat heute nur auftrumpfen kann, wenn er Mitglied im „Club" der Atommächte ist.

Bisher konnte es zu keinem bedeutenden Fortschritt im westlich-islamischen Dialog kommen. Ein solcher Dialog kann nur erfolgreich sein, wenn er an zwei Enden ansetzt: Einerseits muss politischer Druck auf Israel ausgeübt werden, den Staat der Palästinenser endlich zu akzeptieren und entstehen zu lassen. Andererseits aber muss eine Versöhnung mit den legitimen nationalen Interessen des Iran angestrebt werden, des wohl wichtigsten Landes der gesamten nahöstlichen Hemisphäre neben Ägypten.

Der Orientalist und Schriftsteller Navid Kermani, der noch vor den großen Demonstrationen 2009 aus Teheran zurückkehrte, erklärte die Situation und die damit verbundenen Hoffnungen dort wie folgt: „Die Öleinnahmen, die sich durch den Irakkrieg der USA verdreifacht haben, verprasst der Präsident Ahmadinedschad an seine Unterstützer und ruiniert damit die Wirtschaft. Die Situation könnte sich mit den Präsidentschaftswahlen im Sommer ändern." Diese Hoffnungen wurden jedoch zerschlagen, denn die Wahlen wurden nachweislich massiv gefälscht. Die Opposition ging unter dem Parteiführer Mussawi auf die Straßen und leistete einen Widerstand, den die gesamte Welt bewunderte – trotz der „Sperrmauern" des Regimes einsehbar für die Weltöffentlichkeit über unzählige Internetseiten und -portale.

Wenn man die gegenwärtigen Signale deutet, spricht vieles dafür, dass „Teheran die Chance zu einem umfassenden Dialog und dem Ende der Isolation, die sich durch die Wahl von Barack Obama zum US-Präsidenten ergeben hat, ungenutzt verstreichen lassen wird", stellt Navid Kermani fest.[4] Schon während seines Wahlkampfes hatte Barack Obama nämlich angekündigt, dass er Signale nach Teheran senden wolle. Heute verfestigt sich immer mehr der Eindruck, dass diese Vorhaben ohne Wirkung geblieben sind: Dem Iran und dem iranischen Volk wird übel mitgespielt. Land und Volk sind ständig Opfer von Fehl- und Vorurteilen.

Sicher hat auch der Bestseller „Nicht ohne meine Tochter" von Betty Mahmoudi dieses feindlich gesinnte Bild genährt, in dem die Autorin voll subjektiver Abneigung sich dazu hinreißen ließ, literarisch Rache für eine gescheiterte Ehe und einen schlechten Ehemann zu nehmen, ohne zu bedenken, dass sie damit ihre individuellen negativen Erfahrungen auf das ganze Land und seine Bewohner projizierte.

Zugleich ist aber auch der Hass auf den Westen eine Grundkonstante der Politik des Iran geworden, was nicht vergessen werden darf. Dieser Hass richtet sich nicht zuletzt gegen all die Phänomene, die mit der modernen westlichen Technologie, Wirtschaft und Industrie in Verbindung gebracht werden können.

Man muss wissen, wem man im Iran helfen will: der Regierung oder dem Volk? Das Volk ist in bewunderungswürdigem Mut auf die Straße gegangen gegen die Wahlfälscher von Gnaden des Usurpators Ahmadinedschad. Man sollte sich dieses Volk zum Verbündeten machen und nicht immer ausweichen auf andere Konfliktfelder. Die Menschen im Iran wollen in ihrer überwältigenden Mehrheit einen Regimewechsel. Sie wollen nicht die amerikanische Politik in ihrem Land dominierend sehen wie unter dem Schah, aber sie könnten sich eine Politik im Rahmen einer Nahost-Initiative sehr gut vorstellen.

Ganz eindeutig kann schließlich festgehalten werden: Der Zugang zu einer wirklich großen Rolle des Iran in Nahost und Mittelost, wie sie seiner Bedeutung zukommen würde, ist versperrt durch die totale Blockade, die das Problem Palästina darstellt.

Feinde im selben Boot
Das Drama des Libanon ist auch das Drama Israels

Als ich in Palästina, auf halber Strecke zwischen Bethlehem und Hebron auf unserem Weinberg „Daher" den jungen Palästinenser Daoud Nassar frage: „Aus welcher Gegend des Libanon kommt denn Dein Ururgroßvater? Wann ist Dein Ururgroßvater denn in den Libanon gekommen?", muss er mich leise lächelnd belehren. Den Libanon als eigenständiges Land gab es erst nach dem Zusammenbruch des Osmanischen Reiches – also erst nach dem Ersten Weltkrieg.

Aber auch unter den Osmanen oder den „Ottomanen", wie sie im englischen Sprachraum bezeichnet wurden, gab es im Gebiet des Libanon-Gebirges zwei religiöse Gemeinschaften, die bedingt durch ihre relative Eigenständigkeit aus dem Rahmen des islamisch-arabischen Nahen Ostens herausfielen: die christlichen Maroniten und die Drusen. Die Maroniten etablierten sich aus Sorge vor den islamischen Eroberungen seit dem 7. Jahrhundert. Während der Kreuzzüge kamen sie der katholischen Kirche nahe und gingen dann 1736 eine kirchliche und theologische Union mit Rom ein. Die Drusen fassten in dieser Gegend im 11. Jahrhundert Fuß. Zwischen den Maroniten und den Drusen kam es 1860 aufgrund verheerender Massaker, die die Drusen an den Maroniten verübt hatten, zu einem Bürgerkrieg, in dem schließlich Frankreich zugunsten der Maroniten eingriff; damit wurde eine Art Treuhand- oder Schutzherrschaft Frankreichs über dieses Gebiet einbestellt.

Der Libanon war immer etwas Besonderes und Anderes. Davon zeugt beispielsweise die Gründung der Amerikanischen Universität in Beirut, die von Missionaren und Philantropen aus Europa und den USA aufgebaut wurde. 1920 kamen zum Mount Libanon noch die Küstenstädte Beirut, Tripoli, Sidon und Tyros dazu. Es war eine Zeit der Selbstbestimmung, der „14 Punkte" des US-Amerikanischen Präsidenten Woodrow Wilson. Der US-Präsident hatte zur Zeit des Ersten Weltkrieges in diesen 14 Punkten das Recht der Völker, zumal der Völker unter kolonialer Besatzung, auf nationale Selbstbestimmung erklärt.

Zugleich war es die Zeit der demographischen Umfragen, die gerade in politischer Hinsicht in ihrer Bedeutsamkeit nicht unterschätzt werden dürfen. Was noch im Jahr 1920 als eine ungesicherte Annahme galt, eine Annahme, die damals in den Köpfen der Maroniten bereits verankert war, erhielt durch die erste Volkszählung im Jahr 1932 letztlich Gewissheit: Die Maroniten bildeten noch vor den Sunniten und Schiiten mit 33 Prozent den größten Anteil der Bevölkerung.

Die Unabhängigkeit wurde dem Libanon erst 1943 zugesprochen. Es kam zum nationalen Pakt und zur Anerkennung von nicht weniger als 17 ethnischen und religiösen Minderheiten.

Der Libanon ist eines der wenigen Länder im Nahen Osten, die eine sehr große ökonomische Kraft besitzen. Und er ist auf der internationalen Bildfläche präsent: Viele Libanesen haben in verschiedenen Ländern Arbeit gefunden und fühlen sich dort auch heimisch. Ganz gleich aus welcher Ecke des Landes sie kommen, welcher der verschiedenen religiösen und ethnischen Minderheiten sie angehören – dort, wo sie auftauchen, nehmen sie Einfluss auf die Wirtschaft. Ich kannte einen großartigen Libanesen, Hassan Basma, der seit zwei Generationen in Sierra Leone lebte, sich diesem neuen Land bereits in weitem Maße angepasst hatte und sich dafür einsetzte, Sierra Leone nach Bürgerkriegen und schlechten Regierungen zu neuem Aufschwung zu verhelfen. Nichtsdestotrotz hat er bis heute nicht damit aufgehört, seinen Sommerurlaub in seinem Ur-Heimatland, dem Libanon, zu verbringen.

In diesem so empfindlichen Land gibt es mindestens vier Machtzentren, je nach Ethnie und Religion. Es gibt die bereits angesprochenen Maroniten, also die Christen, die in der Nachfolge ihres Bündnisses mit der Völkerbundsmacht Frankreich sich Paris zugehörig fühlten; nicht zuletzt auch durch die christliche Religion setzten sie sich in ihrem Selbstverständnis von der sie umgebenden islamischen Welt ab. Jedoch legten sie ihren Glauben mitunter militanter aus, als es die Botschaft von Jesus Christus erlaubte.

Neben den Maroniten existiert im Libanon eine weitere Volksgruppe, die Sunniten. Es ist heute ungewiss, wer numerisch die Mehrheit des Landes oder die größte Gruppe darstellt, denn eine Volkszählung in einer so labilen Lage durchzuführen, würde die derzeitige Situation der Balance möglicherweise wieder zerstören, die auch durch die Konstitution gewahrt wird: Der Präsident sollte immer ein Christ sein, der Premierminister ein Sunnit, der Präsident des libanesischen Parlaments ein Schiit.

Die Schiiten sind die dritte Gruppe, die im Süden des Landes etwa 11,5 Prozent der Gesamtbevölkerung ausmacht. Aufgrund ihrer besser organisierten Sozialfürsorge und nicht zuletzt aufgrund ihrer Militär-Guerilla mit Namen Hisbollah ragen sie aus dem Gesamtgefüge des Libanon heraus. Dies allerdings ist nicht allein positiv, da sie sich oftmals mehr Macht aneignen, als ihnen zusteht.

Die vierte Gruppe im Libanon beruht auf einer Religion mit Arkandisziplin, gemeint sind die bereits erwähnten Drusen. Sie hängen einem Eklektizismus aus allen Religionen an und sind durch eine feste Hierarchie strukturiert, die ihnen einen gewissen Machtfaktor im Lande zuteil werden lässt.

Schon häufig war der Libanon als Staat fast aufgegeben worden, wenn in Bürgerkriegen zerstörerische Gefechte ausgetragen wurden. Aber dieser Befürchtungen ungeachtet ist der Staat – anders als beispielsweise Somalia in Afrika – mit einem großen kommerziellen Kapital ausgestattet und erhebt sich immer wieder aus der Asche der letzten Konflikte, um erneut im Tageslicht der Politik des Nahen Ostens aufzutauchen. So geschah immer wieder jenes kleine Wunder, dass der Libanon nie zu einem „failed state" wurde, wie viele Beobachter erwartet hatten und wie es vergleichsweise mit Somalia geschah.

Das Drama des Libanon ist auch das Drama Israels und israelischer Politik. Nicht nur die Tatsache, dass es Israels Politik auf Dauer nicht erlaubt, die Menschen der mittelbaren Umgebung als Nachbarn und gleichberechtigte Bürger zu akzeptieren. Israel hat bis heute nicht den geringsten Versuch gemacht – ausgenommen vielleicht Yitzhak Rabin –, sich als Land, Staat, wirtschaftliche und politische Macht in den Verbund „Nahost" vom Iran bis nach Ägypten einzubinden und einbinden zu lassen. Es hat sich starr in einer Haltung, die noch vor ein, zwei Generationen verständlich war, immer wieder selbst bestätigt und sich diese von den treuen Paladinen im Westen bestätigen lassen, nach deren Vorstellungen Israel am besten ein Satellit im Nahen Osten entweder der EU oder zu einem US-Bundesstaat hätte werden sollen.

Wenngleich die hier angesprochenen Zusammenhänge durchaus kompliziert sind, so lohnt sich doch ein näherer Blick darauf.

Die Führung des jungen Staates Israel unter Ben Gurion war der festen Überzeugung, dass man es unter allen Nachbarstaaten mit dem Libanon im Norden am einfachsten haben würde, und zwar indem man die Christen bevorzugte und den Nachbarstaat zwänge, ein christlicher Staat zu werden. Ben Gurion schrieb 1954 – also nur sechs Jahre nach der Gründung des Staates Israel – an den Premierminister Israels Moshe Sharett einen Brief, in dem er diese Haltung Israels von Anfang an deutlich machte: sich nicht mit den umgebenden Nachbarstaaten gemein zu machen, keine Freunde zu gewinnen, keine Kooperationen zu beginnen, sondern alle in Schach zu halten und Angst und Schrecken zu verbreiten. Es sei klar, dass der Libanon der schwächste Staat in der Kette der arabischen Staaten sei. Da die Christen die Mehrheit im Libanon seien, herrsche dort eine andere Tradition und Kultur als in den meisten arabischen Staaten. Demnach sei die Schaffung eines christlichen Staates quasi ein natürlicher Akt. Als Ben Gurion seinen Brief schrieb, war die Luft voll von den Plänen eines Präventivschlags oder Krieges gegen Syrien, weil das proägyptische Regime von Oberst Abib Shishakli wankte und im Begriff war, gestürzt zu werden. Der einzige, der damals einen klaren Kopf behielt, war der Premierminister Moshe Sharett.

Zu dieser Zeit begannen all jene militärischen Verwicklungen, welche den Konflikt im Nahen Osten nachhaltig bis heute prägen sollten.

Moshe Sharett war gegen einen Angriff auf Syrien, weil ein solcher Angriff nur Schande auf Israel bringen würde. Entweder, so erkannte Sharett, baute man in dem jungen Israel einen Rechtsstaat auf, einen Staat, in dem es nach den Gesetzen, den inneren wie denen des Völkerrechts zuginge, oder aber man erschaffe einen Piratenstaat. Aus heutiger Perspektive ist wohl eher der zweite Fall eingetreten.

In den ersten Jahren gab es immer wieder Versuche der gegenseitigen Verständigung zwischen Israel und den arabischen Staaten, als die arabischen Regierungen noch nicht ahnten, dass da eine Regierung war, die mit ihnen nicht auf gleicher Augenhöhe kooperieren wollte, sondern die sich eher als Teil der USA oder der Europäischen Gemeinschaft verstand.

Präsident General Husni Zaim, der seinerzeit in Syrien regierte, war beispielsweise sehr daran gelegen, eine versöhnliche Politik zu betreiben. Dreißig Jahre vor der ersten Pilgerreise von Ägyptens Präsident Sadat und dem ersten Abkommen eines arabischen Landes mit Israel, bot Zaim Ben Gurion ein persönliches Gespräch an. Als Teil eines syrisch-israelischen Friedensvertrages bot er Israel die permanente Ansiedlung von 300.000 palästinensischen Flüchtlingen in der fruchtbaren Jazira Ebene an. Dass, wie oftmals behauptet wird, kein arabisches Land jemals die Absicht gezeigt, geschweige denn durchgeführt habe, Flüchtlinge ansiedeln zu lassen, ist somit nicht richtig.

Über Jahrzehnte bestimmte Israel eine Politik der Macht und Rache. Und daraus macht Israel auch bis heute keinen Hehl, vielmehr wird diese Politik unter dem Mantel des jüdischen Leidens und universalen Opfertums dem Westen gegenüber zu rechtfertigen versucht. Auf der anderen Seite versuchte Israel diese Rolle zu festigen: Zu keinem Volk im Nahen Osten wurden Beziehungen wie zu guten Nachbarn aufgebaut; von einem ernsten und wertschätzenden Umgang mit den geografischen Nachbarn kann keine Rede sein. Vom israelischen Staatsmann David Ben Gurion ist das berühmte Diktum überliefert: Die Aufgabe des israelischen Außenministeriums besteht nicht darin, Außenpolitik zu machen, sondern die Politik des Verteidigungsministeriums dem Rest der Welt zu erklären.

Diese Rollenfestlegung führte mitunter zu nahezu kolonialistischen Auswüchsen: So hat sich der jüdische Staat ja auch mit Ländern wie Frankreich und Großbritannien und deren altkolonialen Bestrebungen bei dem Angriff auf den Suezkanal 1956 bedingungslos verbündet. Ben Gurion und Moshe Dayan waren zwei ganze Tage mit ihren Mitverschwörern zugange, an deren Spitze der französische Premierminister und Sozialist Guy Mollet und der britische Außenminister Selwyn Lloyd standen. Sie planten, den ägyptischen Präsidenten Gamal Abdel Nasser zu stürzen und zu verjagen und Jordanien zu zerschlagen. Der östliche Teil Jordaniens sollte an den Irak fallen, der aus Dankbarkeit dafür seinen Frieden mit Israel machen sollte. Dort hätten sich dann die palästinensischen Flüchtlinge mit amerikanischem Geld ansiedeln dürfen. Im Libanon plante man, wie Ben Gurion es vorgesehen hatte, einen christlichen Staat aus der Taufe zu heben und gleichzeitig bis zur „natürlichen" Grenze Israels, zum Fluss „Litani" vorzustoßen – welcher 40 Kilometer nördlich der legalen Grenze Israels gelegen ist.

In der Zeit des Libanonkrieges im Jahr 1982 erreichte diese Entwicklung dann ihren ersten Höhepunkt. Israel hätte die Chance gehabt, sich als eine kleine Macht zurückzunehmen, griff jedoch wie in einem Größenwahn gefangen den Libanon an. Letztlich schaffte es der damalige Verteidigungsminister Ariel Scharon tatsächlich, bis nach Beirut zu marschieren. Für eine Weile schien es, als könne er Ben Gurions Plan von einem christlichen Libanon endgültig durchsetzen.

Der Libanon war, neben Jordanien, zum Hauptland der geflüchteten Palästinenser geworden, 20.000 von ihnen lebten dort in guten mittelständischen Verhältnissen. Dazu kamen 100.000 in siebzehn sogenannten Flüchtlingslagern, in denen sie viel massiver festgehalten und reglementiert wurden als in jedem anderen Land der arabischen Hemisphäre. Auch im Libanon wurden die mehrheitlich sunnitischen Palästinenser argwöhnisch beobachtet: Einerseits von den christlichen Maroniten, die mittlerweile eine Nebenarmee in Gestalt der Phalange aufgebaut hatten, die ursprünglich von dem Familienclan der Gemayels gegründet worden war und lebhaft gegen die Palästinenser vorging. Andernorts von den Schiiten, die in dem damals christlich-sunnitisch konstituierten Libanon ebenfalls eine unterdrückte ethnische Gruppe bildeten. Sie fühlten sich von den sunnitischen Neuankömmlingen bedroht und empfingen die Palästinenser daher zunächst nicht mit offenen Armen.

Am 13. April 1975 passierte, was man in der Rückschau das „Sarajevo im Libanon" nannte. Eine Gruppe von palästinensischen Flüchtlingen war auf dem Rückweg von einer Feier des Jahrestages einer Attacke auf die nord-israelische Stadt Kirjat Schmona. Sie kehrten mit dem Bus in das Lager „Tal al-Zatar" zurück, das auf der östlichen und damit christlichen Seite Beiruts lag. Sie mussten den Ortsteil Ain al-Rummana durchqueren, wo eine Gruppe der christlich-maronitischen Phalange-Miliz den Bus, in dem sie saßen, attackierte. Bei diesem Angriff wurden 27 unbewaffnete Passagiere erschossen – darunter Frauen und Kinder.

Dieser Mord war der Beginn eines Bürgerkriegs im Libanon.

Die Situation eskalierte. Der Bürgerkrieg mündete schließlich in den ersten Libanonkrieg, der bereits der fünfte Krieg des jungen Israel war. Es war zugleich der erste Krieg, in welchem der gerne verschwiegene imperialistische Charakterzug Israels in aller Deutlichkeit erkennbar wurde.

Am 6. Juni 1982 marschierte Israel in den Libanon ein. Die Araber antworteten auf die Übermacht des israelischen Militärs im April 1983 mit einer „Waffe", die für die westliche Welt überraschend kam: Selbstmordattentate. 21.000 Pfund TNT wurden in einen Wagen geladen, der in das Quartier der amerikanischen Botschaft in Beirut hineinfuhr. Das Ergebnis dieses zerstörerischen Akts waren 63 Tote und viele Verletzte. Und es wurde noch schlimmer. Die bisher größte nicht-nukleare Explosion ereignete sich kurze Zeit später am 23. Oktober 1983 ebenfalls in Beirut, als bei einem Anschlag auf einen US-Stützpunkt 305 Menschen getötet wurden, die Mehrzahl davon US-Soldaten. Das waren Racheakte, die von Seiten der Araber verübt wurden – Araber, die in ihrem Vorgehen immer extremer, man kann auch sagen terroristi-

scher, wurden, dieses Vorgehen jedoch unter den Deck-
mantel des Islams hüllten und rechtfertigten.

Die Phase, die im Anschluss an den ersten Libanonkrieg
folgte, hatte nicht nur für die Libanesen gravierende Aus-
wirkungen, sondern hat auch den Palästinensern und der
palästinensischen Geschichte wohl am meisten geschadet.
Bis heute spürt jeder Europäer die Folgen des palästinensischen Terrors, des Kidnappens von Flugzeugen, das den
Sprengstoffattentaten folgte, und der daraus resultieren-
den totalen Verunsicherung von Flug- und Seeverkehr.
Damit gingen spürbare Einschränkungen für alle Bürger
der industrialisierten Staaten einher, die auch heute
noch wirksam sind. Wir müssen die Kontrollen am Flughafen in einer im Grunde entwürdigenden Weise über
uns ergehen lassen – das begann nicht erst mit dem
11. September 2001.

Auch das Entstehen der paramilitärischen Hisbollah
muss als Folge des ersten Libanonkrieges erkannt werden.
Palästinensische Flüchtlinge und libanesische Schiiten sahen sich nach dem Einmarsch der israelischen Armee
plötzlich einem gemeinsamen Feind gegenüber. Im Widerstand gegen diese feindliche Macht schlossen sich
1982 verschiedene schiitische Gruppen zur Hisbollah zusammen, die sich dann im Jahr 1985 offiziell konstituier-
te. Diese „Befreiungsbewegung" zählte damals zu den
wahrscheinlich lernfähigsten und interessantesten Bewegungen des Nahen und Mittleren Ostens – in Bezug auf
ihr Erscheinungsbild jedenfalls wirkte sie gänzlich anders
als die oft tölpelhaft erscheinende Hamas.

Vielleicht hätte eine Radikalisierung der Hisbollah vermieden werden können – der Versuch aber von Seiten Is-

raels, sowohl diese Bewegung blind vernichten zu wollen und den legitimen Widerstand der Menschen, die Palästinenser oder Freunde der Palästinenser sind, nicht anerkennen zu wollen, hat jede Beziehung, jedes Verhandeln, jedes Gefühl einer irgendwie gearteten Nachbarschaft untergraben und unmöglich gemacht.

Seit Verhandlungen im Jahr 1996 entwickelte sich die Hisbollah in eine nach außen hin immer verschlossenere Richtung. Nach eigenen Angaben war es das Ziel der Hisbollah, Zivilisten gänzlich zu schonen und mit ihren Angriffen nur noch israelische Soldaten zu treffen, die als Besatzung im südlichen Teil des Libanon agierten. Die harten israelischen Reaktionen auf diese Angriffe führten jedoch zur einer immer größeren Eskalation des Grundkonflikts: Nach dem aus den Balkankriegen bereits bekannten Prinzip von Rache und Stärke wurden für einen ermordeten Israeli dreißig Araber getötet.

Doch damit sind längst noch nicht alle Entwicklungen beschrieben, die für ein Verständnis der heutigen Situation des Libanon von großer Bedeutung sind.

Während der Regierungszeit von George W. Bush hatte die jüdische Lobby in Washington solches Gewicht gewonnen, dass sie ihre Ziele frei heraus propagieren konnte. Der Irakkrieg war ihnen nicht genug; das ganze nahöstliche Feld sollte umstrukturiert werden. Der israelische Botschafter in den USA sagte es ganz offen: „Der Krieg gegen den Irak ist nicht genug. Der Regimewechsel in Syrien und im Iran muss als nächstes kommen." Und Ariel Scharon, in dieser Sache der beste Verbündete, den die Lobby in Washington und auch die US-Waffenindustrie je haben konnten, fügte dem hinzu: „Die USA müssen Syrien entwaffnen, oder Israel wird diese Sache in die eigenen Hände nehmen!"

Die Tatsache, dass der Krieg im Irak 2003 nach nur acht Wochen gewonnen zu sein schien, hatte einen so betäubenden Effekt auf die Bush-Administration, dass sie mit dem israelischen Partner am liebsten ein Land nach dem anderen in Nahost entwaffnen und auf US-demokratisches Format umstellen wollte. Die Vorbereitungen für einen Angriff auf den Iran liefen 2004 bereits auf Hochtouren. Dass dieser Krieg dann nicht stattgefunden hat, hing vor allem mit dem sich seit 2005 abzeichnenden Scheitern der US-Invasion im Irak zusammen.

Als 2006 der sechste israelisch-arabische Krieg begann, berieten sich die strategischen Planer Israels im Vorfeld mit ihren amerikanischen Kollegen in Washington, um von der US-Administration grünes Licht für diesen Krieg zu bekommen. Dass sich beide Seiten sofort völlig einig wurden, verwundert nicht – schließlich ist dies doch die Regel für fast jeden Krieg und jeden Angriff, den Israel gegen eines der arabischen Länder führt. Derartige kriegerische Handlungen scheinen für die arabisch-islamische Welt immer von dem „Westen" als Ganzem auszugehen: Die USA geben Israel ja nicht nur ihren Segen, sondern auch militärisches Know-How und Unterstützung. Auch die Europäer unterstützen Israel, nicht zuletzt Deutschland durch U-Boote und ständige Waffenlieferungen.

Grund für den neuerlichen Krieg im Libanon war vordergründig die Entführung zweier israelischer Soldaten durch die Hisbollah. Für die Amerikaner war die Hisbollah gewiss ein ähnlich schlimmes Übel wie al-Qaida, denn die Tatsache, dass 1983 der größte Angriff auf US-Einrichtungen vor dem 11. September mit Unterstützung der Hisbollah ausgeführt worden war und 241 Marines im Libanon das Leben gekostet hatte, wirkte in den Planungsstäben des Pentagon und der US-Regierung weiter nach.

Die politischen Führer beider Nationen, Israels und der USA, rechtfertigten ihre Handlungen mit einem nahezu klerikalmilitaristischen Sendungsbewusstsein. Hauptziel der israelisch-amerikanischen Bestrebungen sollte die Schwächung der als terroristische Organisation eingeschätzten Hisbollah sein.

Die Libanesen entdeckten hingegen ihre nationalen Gefühle und stellten sich in einer Umfrage zu 74 Prozent gegen die Entwaffnung der Hisbollah in ihrem eigenen Land. Aber Israel hatte sich gut vorbereitet. Es erschien an der Zeit, durch einen neuen Krieg die Initiative zu übernehmen und so begann schließlich am 12. Juli 2006 offiziell der sechste Krieg gegen den Libanon. Die Hisbollah fuhr schwere Geschütze auf und war bereit alles zu tun, um keine Ruhe zu geben.

Der Krieg war, unabhängig von den offiziellen Begründungen, wohl auch deshalb begonnen worden, um in der Region noch einmal Stärke zu demonstrieren und klarzumachen, wem man nicht gefahrlos entgegentreten könne. Doch zeigte die Hisbollah Zeichen von Stärke, sowohl in der militärischen wie in der politischen und propagandistischen Taktik. Eine Mehrheit aus Sunniten, Schiiten und sogar Christen war am Ende davon überzeugt, dass die Hisbollah die nationale Sache der libanesischen Araber verteidige. Der Krieg, der nur einige Tage

dauern sollte, bis alle Gegner niedergeworfen wären, er-
wies sich als zäh. Am 12. Juli wurde er begonnen, am
14. August wurde er mit einem Waffenstillstandsabkom-
men beendet. Dieser Waffenstillstand sah genau das vor,
was Israel aus einem Gefühl der Arroganz und Überlegenheit am liebsten immer vermieden hätte: die Beauf-
sichtigung der Situation durch eine internationale Friedenstruppe, die zusätzlich auch noch der ungeliebten
UNO unterstellt sein sollte. Die war für die israelischen
Machthaber schwer zu ertragen. Als der stellvertretende
Chef des israelischen Generalstabs, Moshe Kaplinsky, am
Morgen des Waffenstillstands seinen Sohn Or traf, fragte
ihn dieser: „Papa, was soll ich denn meinen Jungens
sagen?" – die knappe Antwort lautete: „Sag ihnen, wir
haben gewonnen."

Es gab einige Schlachten in diesem Krieg, die sich im
Nachhinein nicht als eindeutige Siege der israelischen
Streitkräfte (IDF) erwiesen. Dies gilt beispielsweise auch
für die Schlacht um Bint Jbeil, einen Ort, der für die Israelis von besonderer Bedeutung war, weil dort im Jahre
2000 der maronitische Patriarch Nasrallah seinen Sieges-
toast ausgesprochen hatte, nachdem sich die israelische
Armee als Besatzungsmacht aus dem Libanon zurückgezogen hatte. In dieser Schlacht verweigerte der israelische Leutnant Adam Kima den Befehl, den Weg in die
Stadt freizukämpfen. Er verweigerte ihn mit einem Ver-
weis auf die unvernünftig hohen Risiken für sich und seine Männer. Er und seine Leute wurden daraufhin von der
Militärpolizei unter Arrest gestellt und verschwanden für
14 Tage im Militärgefängnis. Nichtsdestotrotz waren ihm
seine Leute dankbar; sie erklärten, dass Adam Kima ihnen
das Leben gerettet habe.[1]

An der militärischen Front galt die Tatsache, dass sich die Hisbollah dermaßen lebendig, tapfer und phantasiereich gegen die technologische Übermacht der israelischen Streitkräfte behaupten konnte, fast schon als ein militärischer Sieg. In Israel und der Weltgemeinschaft, auch in Deutschland, hatte man erwartet, dass sich die Bevölkerung gegen die Hisbollah auflehnen würde. Aber das tat sie nicht. Vor dem Krieg war die Bevölkerung zu 58 Prozent der Meinung, dass die Hisbollah ein Recht hätte, zu den Waffen zu greifen. Jetzt aber unterstützten 87 Prozent der ganzen Bevölkerung den Widerstand gegen die israelische Aggression. Fast einhellig vertraten diese Haltung alle Bevölkerungsgruppen des Libanon.

Anfang August des Kriegsjahres 2006 war den USA und der Weltgemeinschaft klar geworden, dass Israel aus dem Schlamassel mit diplomatischen Mitteln gerettet werden müsse. Die Franzosen und die US-Außenministerin Condoleezza Rice waren an der Spitze der Bemühungen. Bevor noch eine Lösung gefunden worden war, geschah in der Nacht vom 30. auf den 31. Juli 2006 das furchtbare Verbrechen in Qana II, der biblischen Stadt Kanaan, wo das Wunder der Brotvermehrung stattgefunden hatte. Flugzeuge der israelischen Luftwaffe hatten zwei in den USA gefertigte 2000-Pfund-Bomben, mit Präzision gelenkte MK 84S, in ein dreistöckiges Wohnhaus gejagt – kurz nach Mitternacht, als die dort lebenden Menschen, die sich mit dem Gefühl falscher Sicherheit hingelegt hatten, in Ruhe schliefen. 28 Menschen wurden am nächsten Morgen ausgegraben, die Hälfte davon Frauen und Kinder. Sie waren alle erstickt in dem Rauch und dem Dreck und unter der Decke begraben, die auf sie herabgestürzt war. Auch dafür sollte offiziell die Hisbollah die Schuld tragen, hatte sie aber nicht.

Dies sind die Folgen einer Politik, die sich nur und ausschließlich auf Waffen und Stärke gründet. Eine solche Politik kann nicht verhindern, dass sie enthemmt und brutalisiert wird.

So geschah es denn auch. Der israelische Verteidigungsminister Amir Peretz veröffentlichte einen Befehl, in dem er die Armee dispensierte, auf die Sicherheit und das Überleben der Zivilisten zu achten. Der Industrie- und Handelsminister Eli Yishai schlug vor, die Dörfer alle „platt" zu machen (wörtlich: „flattening"), von denen aus auf israelische Soldaten geschossen wurde. Warum und wozu brauchen wir eigentlich die Infanterie, fragte ein Luftwaffenoffizier der Reserve, wenn vier F-16-Jets und altmodische und billige Bomben den Ort Bint Jbeil total auslöschen können? Und der immer sehr offene Justizminister Haim Ramon erklärte jeden im Süd-Libanon zum „Terroristen" und deshalb die IDF als dazu berechtigt, auch noch ein weiteres „Qana" anzurichten: „Es ist uns erlaubt, alles zu zerstören."[2]

Der Blick des „Anderen"
Ein Jahr nach dem Libanon-Feldzug Israels

„Die Frage nach den Traditionen als Rechtfertigung für eigenes Handeln wurde schon vor Jahrtausenden gestellt. ‚Wisse, woher du gekommen bist. Wisse, wohin du gehst. Und vor wem du zukünftig Rechenschaft ablegen musst.' Diese Devise gab ein Lehrmeister der jüdischen Überlieferung namens Akawja ben Mehallal'el seinen Schülern mit auf ihren Lebensweg. Und nicht nur das. Er gab ihnen gleichzeitig auch Antworten auf jene Fragen:
‚Woher kommst du? Aus einem stinkenden Tropfen. Und wohin gehst du? An einen Ort des Staubs, Drecks und Gewürms. Und vor wem musst du Rechenschaft ablegen? Vor dem König, dem König der Könige, dem Heiligen, gesegnet sei Er.'"

Rolf Verleger 2009[1]

Am 26. Juni 1983 lief am späten Abend in der ARD eine Dokumentation, die ihrem Genre alle Ehre machte. „Schalom oder: Wir haben nichts zu verlieren" hieß der Film des mittlerweile verstorbenen Zürcher Autors Michael Mrakitsch. Er war für die Dreharbeiten zweimal für fünf Wochen in dem Palästinenserlager Borj Chemali bei Tyros gewesen, außerdem hatte er die Wehrsiedlung Carmel im Hebrongebirge auf der israelisch besetzten Westbank (auch Westjordanland genannt) besucht. Der Film zeigt ohne großen Kommentar vonseiten eines Erzählers einen einzigen Unrechtszustand, der allein dadurch verdeutlicht wird, dass Palästinenser aus dem Lager Borj Chemali sowie jüdische Siedler der radikalen

„Gusch-Emunim-Bewegung" in dem Film zu Wort kommen und ihre Meinungen und Haltungen ausdrücken können. Das, was sonst im Fernsehen nicht möglich zu sein scheint, wird hier wirklich. Die Menschen werden nicht sofort in ihren Äußerungen ge- und beschnitten. Mit diesem Film ist Mrakitsch ein Musterbeispiel für die Darstellung politisch komplexer Situationen gelungen, da er sich mit der Kamera einmal hier, dann wieder dort sehr lange aufhielt und das Vertrauen der Menschen gewinnen konnte. Die Sympathie des Filmemachers ist dabei aufseiten der unterdrückten Palästinenser, die in ihren bunkerähnlichen Häuschen und Hütten Angst haben. Eine Frau, die ohne ihren von Bomben zerfetzten Mann neun Kinder versorgen muss, stellt im Film die verzweifelte Frage: „Ist das keine Sünde? Begin hat uns unsere Heimat weggenommen, er schickt Flugzeuge über unsere Lager, ist das keine Sünde? Da sind Kinder, Frauen, alte Leute, warum hilft ihm Amerika? Amerika tut Unrecht, es gibt ihm Waffen und sagt: ‚Schlagt auf die Palästinenser ein!' Haben wir keine Menschenrechte? Sind wir kein Volk?"

Die Wirkung dieses Films war insbesondere am Anfang der achtziger Jahre groß, weil hier aus tiefer menschlicher Solidarität und Zuneigung eine Kritik an der oftmals brutalen Vorgehensweise Israels in seinem eigenen Staat sowie den besetzten Gebieten formuliert wird – eine Kritik, die sich die Deutschen 30 Jahre lang aus Gründen, die wir alle kennen, nicht zu äußern getraut hätten. Jetzt aber blitzt die Ahnung auf, dass sie vielleicht nicht nur für die Söhne und Töchter des Staates Israel (und die Entronnenen des Holocaust), sondern auch für die vertriebenen Palästinenser verantwortlich sind.

Über diesen Film und seine Wirkung habe ich damals, 1983, schon einmal geschrieben. In der „Orientierung", der Publikationsschrift der Jesuiten, schrieb ich einen meiner ersten Texte zu den Konflikten im Nahen Osten. Ich hielt mich zu dieser Zeit in dem Lager Raschidieh auf, das südlich von Tyros an der Straße nach Rosh Hanikra, dem israelischen Grenzort, liegt. Über diese Straße wird der Nachschub für die israelische Armee in den Süd-Libanon transportiert. Früher lebten in dem Lager über 20.000 Menschen; bei der Invasion 1982 wurde es jedoch vollständig zerstört und alle Männer, die den Angriff überlebt hatten, wurden verhaftet. Lange Zeit saßen diese Männer dann in einem Lager bei Ansar zwischen Tyros und Nabatieh. In Raschidieh, dem ältesten Flüchtlingscamp auf libanesischem Boden, lebten bereits 1983 wieder 10.700 Menschen und aus dem Norden strömten immer mehr Menschen nach: Israels Armee bot hier einen gewissen Schutz gegen die Übergriffe der sogenannten christlichen Phalange-Milizen.

Die Palästinenser wussten damals eines genau: Wenn es nach den Milizen ginge, deren Exponenten an der Spitze der libanesischen Regierung in Beirut saßen, würden sie alle mit brutaler Gewalt aus den Lagern vertrieben.

An einem langen Abend im Raschidieh-Lager erzählte mir ein Mann seine Geschichte. Ahmed Fares musste sein Medizin-Studium abbrechen, weil er sich um seine Familie kümmern musste. Fares erlebte den großen Angriff auf Raschidieh 1982 mit, bei dem erst der eigene Vater verhaftet wurde und einige Tage später auch er selbst. Ohne Auskunft, ohne Verlesung einer Anklage – nur, weil sie das sind, was sie sind: Palästinenser.

Der palästinensische Mann ist im Zweifelsfall ein Terrorist, man muss ihn internieren – so ist die Denk- und Handelsweise der israelischen Macht, durch die Israel wiederholt Unrecht begangen und legitimiert hat: Es hat immer wieder (und dies bis 2010) ohne gerichtliche und damit rechtsstaatliche Legitimation palästinensische und libanesische Verdächtige aufgegriffen und sie in das Lager bei Ansar gesteckt. Auch Fares wurde dorthin gebracht und musste sieben Monate einsitzen, bevor er wieder nach Raschidieh zurückkehren durfte.

In unserem Gespräch erzählt mir Fares über die Haftzeit und das anschließende Verhör an einem Ort in Israel, den niemand kennt, über die Wartezeit in Ansar und schließlich auch über die große Meuterei im Lager, bei der drei von ihnen erschossen wurden. Zum Schluss stellt Fares mir die direkte Frage, ob ich meine, dass seine Zeit in der Haft oder die Zeit jetzt, im Lager Raschidieh, besser sei? Zunächst halte ich das für eine rhetorische Frage, aber Fares meint diese Frage mehr als ernst: „In Ansar ist es besser gewesen, dort habe ich wenigstens in der Nacht keine Angst gehabt, denn die Mauern des Gefängnisses sind fest und stark genug, um jede Mordbande abzuwehren. Jetzt aber, hier im Lager Raschidieh, bin ich unsicher. Jede Nacht können die Leute von der Katayeb Miliz oder von den Haddads Milizen kommen und uns umbringen. Hier fühle ich mich viel unsicherer als im Gefängnis!"

Als eine Delegation von Abgeordneten des Bundestages in Beirut Gespräche mit Vertretern verschiedener Gruppen im Libanon führte, kamen sie auch mit den Ordensoberen eines maronitischen Mönchsordens und zwei Professoren der Kaslik Universität zusammen. Pere Boulos Naamann skandierte damals vor der Delegation: „Man schätzt die Zahl der Palästinenser zurzeit auf 500.000. Die nach 1948 ins Land gekommenen Palästinenser sind alle Terroristen. Wir werden sie aus dem Land treiben, wenn sie nicht freiwillig gehen." Mit erhobener Stimme fuhr er schneidend fort: „Wir werfen den USA und Westeuropa vor, dass sie mit der Internationalen Friedenstruppe zu früh gekommen sind und so eine Vertreibung der Palästinenser aus dem Libanon verhindert haben!" Gottfried Köster, ein christlich denkender und handelnder CDU-Abgeordneter aus dem westfälisch-katholischen Münsterland, den ich gut kannte, der mittlerweile jedoch leider verstorben ist, konnte dieses schreckliche Gespräch nicht mehr vergessen. Er hätte am liebsten den Raum verlassen.

Auch der „Christ" Major Saad Haddad, Gründer der mit Israel verbündeten Südlibanesischen Armee (SLA), sagte in einem Interview mit Peter Scholl-Latour ganz unverblümt in die Kamera: „Die Palästinenser sollen aus dem Land verschwinden. Wohin sie gehen, ist uns gleichgültig. Es ist nicht unsere Aufgabe, für einen Platz zu sorgen."[2]

Wir wollten damals nach dem Beginn des schrecklichen Libanonkrieges vor Ort helfen. Schon kurz nach der Invasion gelang es uns im Juli 1982, von Israel eine Arbeitsgenehmigung zu ergattern. In diesem von Hass, Feindschaft, dem Krieg aller gegen alle zerrütteten Land wollten wir durch demonstrative Hilfe für alle bedürftigen Menschen und Gruppen, unabhängig ihrer ethnischen und konfessionellen Zugehörigkeit, im Süd-Libanon eine Friedensmission ausführen.

Für die Libanesen wurde eine Ambulanz in Tyros eingerichtet, eine Werkstätte samt Techniker und ein Laboratorium für Krankheitsdiagnosen, das für all diejenigen gedacht war, die kein Geld für eine solch teure Behandlung hatten.

Danach konnten wir – vorsichtig, weil es noch immer sehr inopportun war, für „diese Art von Menschen" etwas zu tun – in die fünf Lager der palästinensischen Flüchtlinge in der Gegend um Tyros gehen. Der Bischof von Tyros, Georges Haddad, hatte uns aufgetragen, einfach dorthin zu gehen, ohne vorher irgendwelche Papiere zu beantragen. Und obwohl es uns überraschte: Es ging. In jedem der Lager wurde eine Ambulanz eröffnet, drei Ärzte von unserem Komitee Cap Anamur fuhren herum, machten Versorgungen, erledigten kleine chirurgische Eingriffe und berichteten von den vielen psychosomatischen Krankheiten, die typisch sind für Situationen, in denen Menschen in Angst, Furcht und ohne Zukunft leben müssen.

Bischof Haddad stellte uns schließlich sogar ein Grundstück zur Verfügung, auf dem wir eine eigene Ambulanz für die Palästinenser aufbauen konnten, sodass wir eine reguläre Betreuung organisieren konnten. Die Palästinenser dankten uns dafür sehr. Dass das Komitee gegen die Anweisungen und die Erwartungen, wie sie von offiziell israelischer und libanesischer Seite ausgedrückt worden waren, einfach zu helfen begann – das vergaßen uns diese Menschen nicht. Wir gewannen Freunde unter ihnen, keinen Weg konnten wir mehr mit unserem VW-Bus durch die dreckigen Straßen von Raschidieh und Borj Chemali machen, ohne dass wir nicht in eine der Hütten eingeladen wurden und einen kleinen arabischen Kaffee trinken und eines der Fladenbrote essen mussten, die in selbstgefertigten Öfen gebacken werden.

Doch auch der „Andere" ist immer da – eine Situation, wie sie von Jean-Paul Sartre in seinem Buch „Das Sein und das Nichts" entworfen wurde, eine Situation, mit der ich persönlich konfrontiert war. Der „Andere" – das ist der israelische Soldat, der mich wie den Palästinenser durch seinen Blick versteinern lässt. Der Blick durch die Glasscheiben des Beobachtungsturmes, der Blick durch den Feldstecher, der stahlharte Blick des fremden Soldaten mit der Maschinenpistole und dem schweren Panzergeschütz. Der „Andere" ist umso fremder und unnahbarer, als er zwar den Schutz der Lagerinsassen garantiert, zugleich aber keinen, nicht den geringsten Kontakt zu ihnen haben darf.

Die Palästinenser sind in ihren Emotionen gespalten. Ein Teil von ihnen bittet die Israelis, sie weiter mit ihren Waffen gegen die maronitischen Katayeb Milizen zu schützen, von denen ein neues Blutbad befürchtet wird. Der andere Teil kann nicht vergessen, dass sie von den gleichen Männern mit Maschinenpistolen und Gewehren aus ihrer Heimat vertrieben und seit nunmehr drei Jahrzehnten weiter gedemütigt, zuletzt auch in ihren Lagern angegriffen wurden.

Man kann diese Absurdität am besten von der Arbeit dieses Ärzteteams her beschreiben: Einerseits „hofften" wir, dass Israel nicht so schnell aus dem Süd-Libanon abzieht, weil die Soldaten nach den Massakern von Sabra und Schatila zumindest einen wirklich wirksamen Schutz der Lagerbevölkerung garantierten. Und was würde nach dem Abzug von Israels Armee geschehen? Eine statistisch nachgewiesene Mehrheit im Libanon stimmte darin überein, dass die Palästinenser das Land zu verlassen hätten. Andererseits hofften wir damals, 1983, zugleich, dass Israel von seiner interventionistischen Politik abließe, bei der es einäugig und blind sein eigenes Sicherheitsinteresse absolut setzte und Teile der Welt in Brand zu stecken bereit war – und auch heute noch so ist und agiert. Dieser Zwiespalt war damals für uns die Realität.

Langfristig sehnten wir uns danach, dass Israel sein wahres Interesse erkennen und zum Friedensstifter werden würde, der auch die Araber im eigenen Lande nicht mehr in der Weise verachten würde, wie es in Israel leider „an der Tagesordnung" war. Nie kann es bei solcher Ungleichbehandlung von Menschen, die tagtäglich nebeneinander leben, Versöhnung und Frieden geben. Im Gegenteil: Die drohende Gefahr einer Eskalation der Situation überspielten die Politiker schon 1983 gern, weil sie mit der echten Lösung des Problems überfordert waren.

Den Blick des „Anderen" werde ich nicht mehr los, er beschäftigt mich immer wieder, seit ich ihn im Libanon damals zum ersten Mal bewusst wahrnahm. Auch der mutige israelische Journalist Jacopo Timermann hat Ähnliches in seinem Libanon-Tagebuch[3] von 1983 registriert. Der „Andere" ist immer schon da, auch für die Israelis. Dies wird in den Worten Timermanns deutlich: „Was bleibt? Wie es aussieht, bleibt die ewige und unverrückbare Gegenwart des anderen, des nicht aus der Welt zu schaffenden Palästinensers". Und einige Zeilen weiter schreibt er so selbstquälerisch wie befreiend: „Wenn ich mir einen Reim auf die Geschehnisse der letzten Zeit zu machen versuche, und sei es nur auf die einfachste Art, so komme ich immer zu demselben Punkt: dem klaren, unausweichlichen Bild des anderen, des Palästinensers."

Timermann erkennt dabei etwas, das mich als Deutschen nachdenklich macht: „Ich habe es oft erlebt, dass der Peiniger sich schließlich vor seinem Opfer ekelte, weil es ihn so große Opfer kostete, es weiter zu hassen. Die Beseitigung des Opfers wird befriedigender und wichtiger als die Freude, es zu strafen. Ein merkwürdiges Phänomen." Viele Israelis würden wünschen, dass die Palästinenser physisch aus dieser Gegend verschwinden, dass sie „aus unserer Gegenwart verbannt werden", wie sie es ausdrücken.

Der „Andere" ist die Chiffre, unter der man die Situation im Libanon und in Nahost vielleicht verstehen kann. Der Blick des „Anderen" ist aus jeder Perspektive verschieden: für uns Deutsche ist es der Blick des Juden, der dem Holocaust entgangen ist. Für die Israelis, die Juden in Israel und vielleicht auch außerhalb, sind es die Blicke der Palästinenser, die sie nie mehr los werden, weil sie ihnen das Land genommen haben. Und für die Palästinenser ist es eben der Blick des Israelis, der sich durch sie bedroht fühlt, der sich sein Recht auf die eigene Nation nicht absprechen lassen will. Die einzig mögliche Lösung dieses Dilemmas scheint mir die Hoffnung zu sein, dass es schließlich zu einer Umwandlung dieses feindlichen Blicks kommen könnte, zu einem gegenseitigen Anschauen, das in ein Kennenlernen, ja sogar in ein solidarisches Miteinander und in einen gemeinsamen Blick in die gleiche Richtung übergeht.

Macht und Ohnmacht
Die Erste Intifada – und wie anders die Sicht auf Israel und Palästina damals noch war

„Was antwortest du einem Sechsjährigen, dem mickrigen Ofer,
wenn er eines Morgens vorsichtig fragt: Mama, wer ist gegen uns?
Er fragt ungeduldig, wer auf der Welt hasst uns, welche
Länder sind gegen uns, und du willst natürlich, dass seine
Welt noch sorglos bleibt und sagst ihm, die, die gegen uns sind,
hassen uns nicht unbedingt, wir haben mit einigen Nachbar-
ländern so eine Art langen Streit über verschiedene Sachen,
genauso wie die Kinder bei dir in der Schule sich manchmal
streiten und sich sogar schlagen".   *David Grossmann 2009*[1]

Meine Haltung Israel gegenüber hat sich in den vergangenen Jahren und Jahrzehnten, in denen ich mich nun
schon aktiv mit der Situation im Nahen Osten auseinan-
dersetze, stark verändert. Ich sehe Israel heute in großer
Gefahr, zu einem Unrechtsstaat zu werden. Statt sich lediglich im Angriffsfall zu verteidigen und ansonsten eine
vernünftige Nachbarschaftspolitik zu betreiben, fährt es
fort, in der Region Furcht und Schrecken zu verbreiten.
Diese Einschätzung habe ich aber nicht immer vertreten;
1988, nach dem Beginn der Ersten Intifada, also des ersten palästinensischen Aufstands gegen Israel, war dies
beispielsweise noch lange nicht der Fall. An dieser Stelle
will ich verdeutlichen, wie ich die Situation damals beur-
teilte. Ich habe zu dieser Zeit einige Zeitungsartikel geschrieben, die ich mir nun wieder vorgenommen habe,
um meine damalige Sicht anhand dieser Zeitzeugnisse
besser darstellen zu können. Vielleicht hilft diese Rück-

schau zusätzlich dabei, einige Gründe dafür zu verstehen, dass die Situation heute so festgefahren ist, dass sie vielen als nicht mehr lösbar erscheint.

Frieden, Shalom, Salam, Paz, Pax: Diese Worte wirken wie Hohn in einer Welt, in der man sich zwar immer noch mit Shalom und Salam begrüßt, wo hinter der nächsten Ecke jedoch schon wilder Hass wuchert. Für einen Besucher, der mit beiden Völkern sympathisiert, lag es 1988 noch nahe, das vor Ort Erlebte mit den Reibereien innerhalb einer Familie zu vergleichen. Aber es verbirgt sich unendliches Leiden hinter diesem „Verwandtenstreit". Eines der militärmächtigsten Völker der Erde (Israel) steht gegenüber einem gedemütigten Volk. Das gedemütigte arabische Volk der Palästinenser versucht sich zu wehren, aber es fühlt sich nicht verstanden, geschweige denn angenommen.

Es sind oftmals die kleinen Schritte der Versöhnung, die in ihrer Wichtigkeit unterschätzt werden. Das gilt auch in dieser komplizierten Situation. Man vergisst viel zu oft, dass man immer ein bisschen tun muss und auch tun kann, um die Situation zu verändern und zu verbessern. Rhetorik allein hat noch nie eine Veränderung bewirkt. 1988 habe ich deshalb ein Projekt unterstützt, das sich konkret an die betroffenen Menschen richtete: An der nördlichen Spitze des Sees Genezareth, jenem biblisch so wichtigen Ort, befindet sich direkt am Ufer ein Kloster, das seit 1940 der Benediktinerabtei Dormitio in Jerusalem angegliedert ist. Es zieht jährlich etwa eine Million Pilger und Touristen an. Ende der achtziger Jahre wurden hier palästinensische Verletzte behandelt, mit Prothesen versorgt und rehabilitiert. Es war, angesichts des vielen

Elends in der Region zu dieser Zeit, nur eine kleine Tat –
aber sie brachte zumindest Hilfe für etliche verletzte und
verstümmelte Palästinenser, die sich eine ärztliche Versorgung allein vielleicht gar nicht hätten leisten können und
bei deren Behandlung und Betreuung auch israelische
Fachleute mitwirkten. So wurde das Projekt zu einem
hoffnungsvollen Zeichen der Verständigung.

Israel ist schön, Israel ist hässlich. Israel ist eine Nation
voller Gegensätze und Widersprüche. Dies kann anhand
einiger weniger Beispiele gezeigt werden. Das zur gleichen
Zeit, zu der das oben beschriebene Projekt begonnen
worden war, von Benjamin Beit-Hallahmi geschriebene
Buch „Schmutzige Allianzen"[2] enthält vieles, was wir
fälschlicherweise „unglaublich" nennen würden. Der Autor selbst sagt es: „Einiges von dem, was Sie zu lesen bekommen, wird ihnen unglaublich vorkommen. Wenn immer ihnen irgendetwas in diesem Buch unglaublich
vorkommt, denken Sie an den Besuch Vosters in der Holocaust Gedenkstätte Yad Vaschem." Was war geschehen?
Der Autor beschreibt, wie er an einem Aprilabend des
Jahres 1976 in seiner Wohnung in Haifa vor dem Fernse-
her saß und nichts Böses ahnte. Plötzlich kam ein Bild-
bericht vom Besuch Balthasar Johannes Vosters, Premierminister der Republik Südafrika, in der zu dieser Zeit
noch die Apartheid herrschte, in Yad Vaschem, der Gedenkstätte für die Holocaust Opfer in Jerusalem. Beit-
Hallahmi schreibt dazu: „Was mir auffiel, war die surreale
Qualität dieses Ereignisses. Dass das israelische Außenministerium die Taktlosigkeit besaß, einen aktenkundi-
gen Nazi-Kollaborateur zu einer Gedenkstätte für die Opfer des Nazismus zu führen und ihn dann einen Vortrag

über die Nazis anhören zu lassen, fand ich höchst erstaunlich."

Aber so surreal und einzigartig diese Geschichte klingt, sie ist es nicht: „Im Jahre 1979 zeigte das Fernsehen in den Abendnachrichten, wie sandinistische Rebellen beim Anmarsch auf die nicaraguanische Hauptstadt Managua nagelneue israelische Gewehre erbeuteten, die Anastasio Somoza in den letzten Tagen seiner Herrschaft geschickt bekommen hatte." Inzwischen übersteigen die Waffenexporte des Staates Israel in Spannungsgebiete und an Regierungen, die ihre Völker unterjochen, alles bisher Dagewesene. Im Jahr 1988 war eine der letzten Nachrichten, dass Israel 13 Düsenjäger an die Regierung Kolumbiens verkauft hatte.

Das ist die hässliche Seite Israels. Auf der anderen Seite war Israel auch immer ein Land des Füreinanders: Immer wieder leuchtet darin, wie es sich um seine überall auf der Welt zerstreut lebenden Söhne und Töchter kümmert, das Beispiel unbedingter Solidarität auf.

Seit jeher hat Israel auch im Kampf mit den elementarsten Naturgewalten – Wasser, Wüste, Dürre, Hitze, Austrocknung – die allergrößten Erfolge erzielt. Uralte Techniken der Landbewässerung wurden neu entdeckt und angewendet. Israel bewies der gesamten Dritten Welt, dass man selbst auf kargen Böden etwas für die eigene Subsistenz anbauen kann. Aus politischen Erwägungen heraus richteten sich die Energie und Erfindungskraft aber nicht auf die Weitergabe dieser Erfahrungen, sondern vor allem auf die Entwicklung immer raffinierterer Technologien in der Waffenproduktion.

Wie belastend der Widerspruch zwischen der aggressiven israelischen Politik und dem damit verbundenen Selbstverständnis und der zwischenmenschlichen Solidarität sich auf die Menschen auswirken kann, die in Israel und Palästina leben, habe ich oft erfahren müssen.

Seit 1982 kenne ich Oberst Mordechai Bar-On, ehemals Chef der „Education" in der israelischen Armee. Er ist ein leuchtendes Beispiel der Solidarität, was nicht zuletzt an seiner besonderen Familiengeschichte liegt. Bar-On ist prominentes Mitglied der Peace-Now-Friedensbewegung und organisiert Demonstrationen gegen die Politik des konservativen Likud-Parteienbündnisses. Vier Jahre war er Abgeordneter im israelischen Parlament gewesen, doch dann hatte er sich verabschiedet, im Entsetzen über das hilflose Gebaren der Volksvertreter. Mordechai Bar-On hat eine Tochter, die einen Palästinenser, den Besitzer eines Cafés in der Altstadt von Jerusalem, geheiratet hat. Das machte Bar-On bekannter, berühmter und in den Augen orthodoxer Fanatiker verdächtiger als alles andere, was er bisher für Israel geleistet hatte. Als ich 1982 den Süden des Libanon kurz nach der israelischen Offensive mit einer Gruppe von drei Journalisten besuchte, war Bar-On mein Escort-Offizier. Er übersetzte unsere Worte ins Arabische und umgekehrt das Arabische für uns Journalisten ins Englische. Er war mehr als bekümmert über die Schäden des Krieges, kurz, er war ein Mensch, dem Versöhnung und das innere Streben danach fast wie zu einer zweiten Natur geworden waren.

In schutzloser Ehrlichkeit erzählte mir Bar-On, wie schwer es ihm seinerzeit gefallen war zu akzeptieren, dass seine Tochter einen Araber heiraten wollte. Er und seine Frau waren besorgt, dass die beiden ein sehr schwieriges Leben führen würden, schwierig auch ob der Differenzen der Mentalität und Kultur. „Unsere Sorgen galten vor allem den Kindern." Trotzdem unterstützten sie die Tochter. „Sie wollte jüdisch bleiben und nicht zum Islam konvertieren. Deshalb mussten die beiden zur Trauung nach Zypern fliegen, denn eine solche Mischehe lassen die religiösen Gesetze Israels nicht zu." Die Familie organisierte für die Tochter eine große Party. Der entschiedene Standpunkt seiner Tochter war: „Ich liebe diesen Mann und er ist es wert, mein Ehemann zu sein. Was ich zu tun habe, ist zu leben und die Probleme zu lösen, wie sie gerade kommen. Ich bin eine Jüdin und ich bin eine Israelin, und ich will nicht aufgeben, beides zu sein."

Und Bar-On ergänzte damals: „Wenn ich am Freitagabend das Mahl zum Beginn des Sabats einleite und er – der Mann meiner Tochter – dem Gebet zuhören muss: ‚Er hat uns auserwählt unter allen Völkern', gibt es jedes Mal ein Lächeln, fast ein Grinsen um den Tisch. Ich glaube auch nicht daran, aber ich würde es nicht ändern, weil ich gern den Traditionen entsprechend leben will."

Leider brachten auch in den achtziger Jahren nicht alle Menschen in Israel ein solches Verständnis und eine solche Toleranz für ihre palästinensischen Nachbarn und Mitmenschen auf.

In einer Meldung der Deutschen Presseagentur vom 4. Oktober 1988 war zu lesen, dass die israelischen Truppen in den besetzten Gebieten ein neuartiges Plastikgeschoss benutzten. Die Geschosse verursachten weniger Todesopfer, aber mehr Verletzte. Die Plastikmunition sollte nicht generell zur Selbstverteidigung angewendet werden, sondern nur in Fällen, in denen Soldaten mit Steinen, Hacken oder Brandsätzen angegriffen würden. Die Kritik aus dem Ausland, wonach das Schießen mit einer solchen Munition das Völkerrecht verletze, wurde zurückgewiesen.

In derselben Meldung war auch von Ministerpräsident Yitzhak Shamir die Rede, der vor etwa 4000 jubelnden Israelis eine Ansprache gehalten hatte. In dieser Rede versprach er, dass der Likud-Block im Falle eines Wahlsieges die Zahl der jüdischen Siedlungen im biblischen Judäa und Samaria vergrößern werde. Nach einer Äußerung des Wohnungsbauministeriums gab es zu dieser Zeit in der Westbank und im Gazastreifen 131 Siedlungen, wo knapp 70.000 Israelis lebten.

Ari Geiger von der religiös motivierten Friedensbewegung „Netivot Shalom" sagte mir, wie er das Problem der jüdischen Siedlungsbewegung theologisch sehe. „Es mag sein, dass die Juden von ihrer Tradition her eine Art Anspruch auf Judäa und Samaria haben, aber wir legen großen Wert darauf festzustellen, dass, selbst wenn es diesen Anspruch gibt, er uns nicht hindern darf, über ihn, den Anspruch, zu verhandeln und gegebenenfalls besetztes Land zurückzugeben. Unsere Bewegung hält daran fest, dass für Juden die Heiligkeit des Lebens der allerhöchste Wert ist. Glaubt man wirklich an die Heiligkeit des Lebens, kann man, muss man – um Leben zu bewahren – über das Land verhandeln." Wie Mordechai Bar-On, so ist auch Ari Geiger ein Beispiel menschlicher Vernunft und Milde in Zeiten großer Irrationalität und Härte.

Und die späten achtziger Jahre waren eine solche Zeit, eine Zeit blutiger und auf beiden Seiten geführter Kämpfe.

Schon zu Beginn der Ersten Intifada belief sich die Zahl der Erschossenen im Dezember 1987 auf 370 Menschen. Tag für Tag tickte dann über den Fernschreiber die Nachricht, ein oder zwei Palästinenser seien erneut bei Zusammenstößen in Nablus, Hebron, Ramallah oder auf dem Gazastreifen erschossen worden. Ganz zu schweigen von den demolierten und zerstörten Häusern, auf die Straße geworfenen Möbeln und den vielen Palästinensern, die „nur" verletzt wurden. Wir haben uns damals schließlich an diese Meldungen ebenso gewöhnt wie an den Intifada-Aufstand selbst, der vom Dezember 1987 bis 1993 andauerte und mit dem die Palästinenser so etwas wie ihre nationale Würde wahren wollen. Allein im Verlauf der wenigen Monate vom Ende des Jahres 1987 bis 1988 wurden nicht nur zahlreiche Menschen getötet, sondern es galt auch rund 7.000 Verletzte und 18.000 festgenommene Palästinenser zu verzeichnen. 5600 von ihnen mussten in völlig unzureichend ausgestatteten Wüstenlagern überwintern. Sie waren Gefangene, denen niemals ein Prozess gemacht worden war und die auch keinen Rechtsbeistand in Anspruch nehmen konnten, abgeschnitten von jeder Kommunikation mit der Außenwelt.

Seit jenem 10. Dezember 1987 haben sich die sogenannten „Israel Defense Forces" (IDF) mit aller Brutalität als Besatzungsarmee auf der Westbank etabliert. Doch während man früher mit der ortsansässigen Bevölkerung noch redete, wurde nun eine strikte Trennung zwischen Soldaten und Bewohnern durchgesetzt.

Damals war ich noch felsenfest davon überzeugt, dass es nach der Intifada eine vernünftige Lösung geben müsste, die nur in dem Ende der Besatzung und der Aufrichtung eines palästinensischen Staates liegen könnte. Bis in das Jahr 2010 hinein hat es aber eine solche Lösung nicht gegeben. Stattdessen hat sich der Besatzungszustand noch verschärft: Eine halbe Million israelischer Siedler führt den Palästinensern jeden Tag vor Augen, dass dieses Land nie wieder ihnen gehören soll. Über kurz oder lang wird Israel die Wehrdörfer der Siedler wohl abbauen müssen. Tut es das nicht, so verspielt sich Israel die Chance auf den Frieden mit den Nachbarn und im eigenen Land – vielleicht für immer.

Im Oktober 1987 verlautete hingegen eine hoffnungsvolle Nachricht aus Jerusalem, dass die Direktoren der neun staatlichen Krankenhäuser im Westjordanland mitgeteilt hätten, dass sie den verletzten Palästinensern eine Behandlung nicht in Rechung stellen würden. „Wir glauben", so werden die Direktoren in der Meldung zitiert, „dass sie für ihre Verletzungen nicht verantwortlich sind, und darum müssen sie nicht bezahlen".

In diesen Krankenhäusern fehlten jedoch gute Spezialisten der Chirurgie, vor allem der orthopädischen Chirurgie. Solche Fachleute sind gefragt, wenn komplizierte Schussverletzungen und Brüche behandelt werden müssen. Auch an der nötigen Versorgung mit Prothesen sowie an guten Rehabilitationsstätten fehlte es in den betroffenen Zonen durchgängig. Gerade deshalb war uns unser Versuch so wichtig, in Tabgha noch mehr Palästinenser mit Prothesen zu versorgen. Und deshalb auch unser Versuch, europäische Chirurgen und Physiotherapeuten an diesem Projekt zu beteiligen. Vor allem sollte den Verletzten aber die Möglichkeit gegeben werden, einmal zwei Wochen ohne Hass und Missgunst in einer Atmosphäre der Sympathie, Güte und Zuneigung erleben zu dürfen. Schon dieses wenige zu tun, war schwer. Man kann kaum ankommen gegen die politische Vernunft: die Realpolitik, die Realanalysen, die jeweilige Staatsräson und was auch immer von offizieller Seite vorgeschoben wird, wenn man anfangen will, auch nur im Kleinsten Veränderungen zu bewirken.

Und so blieb auch unser Projekt kaum mehr als ein Tropfen auf den heißen Stein, vergleicht man das bisschen Frieden, das wir diesen Menschen geben konnten, mit der allgemeinen Katastrophe aus Misstrauen, Gewalt und Gegengewalt.

Den Palästinensern wurde es schließlich immer mehr erschwert, bis sie eigentlich gar keine Möglichkeiten mehr dazu hatten, von der Westbank nach Jerusalem und Israel zu kommen. Sie wurden durch diese aufoktroyierte Unfreiheit schließlich zu reinen Objekten einer Besatzung, die 2010 im Grunde hermetischer aussieht denn je.

Ende der achtziger Jahre zeigte sich Rita Süßmuth, die damalige Präsidentin des deutschen Bundestages, noch optimistisch im Bezug auf die Möglichkeiten der beiderseitigen Verständigung. „Wir erleben dort", sagte sie, „wie eng miteinander verfeindete Menschen in der Situation der Verwundung und Verletzung aufeinander zugehen können. Die nach einigen Tagen in der Lage sind, miteinander zu sprechen. Alles das ereignet sich vor Ort über ganz konkrete mitmenschliche Hilfe." Das sei wichtig genug angesichts der bedrückenden Ohnmacht, die alle Betroffenen dem politischen Konflikt gegenüber empfänden.

Eine solche optimistische Einschätzung kann indes nun schon seit Jahren, seit 2000, dem Beginn des Mauerbaus um die noch einmal reduzierten Gebiete des schon ausgegrenzten zweiten Staates, nicht mehr gelten. Israel hat ausdrücklich und absichtlich genau das verhindert, was den Menschen immer noch Hoffnung und Zuversicht hätte bringen können: Es hat verboten, dass sich die Menschen überhaupt noch begegnen können. Palästinenser dürfen nicht mehr zu Israelis und Juden gehen und sich nicht mit ihnen treffen. Israelis dürfen so gut wie gar nicht mehr auf die andere Seite der Mauer.

Ohnmacht ist das Siegel der Aktivitäten in Palästina, Ohnmacht ist die Absicht der militärischen Abwehrhaltungen der israelischen Politik. Zu der Ohnmacht, die vielleicht noch zu entschuldigen wäre, kommt aber seit nunmehr fast einem Jahrzehnt der schwerwiegende Umstand hinzu, dass die ausdrückliche Ausformung und Gestaltung der Gebiete im Westjordanland zunehmend an einen Zustand erinnern, der weltweit längst überwunden sein sollte: den Zustand der Apartheid. Beim Aussprechen dieses Wortes ist sofort die Konsequenz mitgenannt und mitgemeint: Wie schon einmal zuvor in der Weltgeschichte ist die real existierende Menschheit aufgerufen, diesen Zustand sofort zu beenden.

Deshalb und verständlicherweise wehrt sich Israel mit allen Kräften dagegen, dass dieses Wort im Bezug auf seine Politik benutzt wird.

Ich fragte Uri Avnery, den Journalisten, Schriftsteller, Friedensaktivisten und ehemaligen Knesset-Abgeordneten, bei einer Demonstration an der Mauer südlich des Wehrdorfes Gilo im August 2009, ob man diesen Zustand Apartheid nennen müsse. Ja, sagte auch er, in den besetzten Gebieten sei das eindeutig etwas wie Apartheid, wenngleich auch nicht in Israel selbst, wo man diesen Zustand von rechtlicher und staatsbürgerlicher Diskriminierung und Ungleichbehandlung zwar festmachen könne, er sich aber nicht zu einer wirklich brutalen Apartheid steigere.

Es bleibt zu hoffen, dass dieser Staat, den die Menschen in den besetzten Gebieten nach dem langen Leiden und der Ungewissheit verdient haben, von der Staatengemeinschaft genügend Unterstützung bekommt. Eine solche längst fällige Unterstützung muss insbesondere von dem sogenannten Quartett erwartet werden, das aus den USA, der Europäischen Union, Russland und der UNO besteht: Sie haben die Macht und Stärke, um in einem Konflikt, unter dem vor allem die ‚kleinen Leute', die zivile Bevölkerung, zu leiden hat, entscheidend einzugreifen. Vielleicht wird es so möglich, dass sich Israelis und Palästinenser wieder begegnen und eines Tages als Nachbarn zusammenleben und -arbeiten.

Aufbruch und Aufrüstung
Von der Nation der Flüchtlinge zur imperialen Atommacht

„Während die beiden palästinensischen Aufstände
von 1987 und 2000 die Schwäche der israelischen
Herrschaft in den Apartheidsgebieten klar zutage
brachten, bedrohten sie doch nicht ernsthaft die
Existenz Israels. Und waren somit nichts im Vergleich
zu dem Bedrohungspotenzial, das von jenen frustrierten
Palästinensern ausgeht, die innerhalb der Staatsgrenzen leben.
Ein katastrophales Aufstandsszenario im arabischen Teil
Galiläas kann heute nicht mehr als übertrieben gelten.
Sollte es Wirklichkeit werden, so wird es eine entscheidende
Wende in der Geschichte Israels und
des Nahen Ostens darstellen."   *Shlomo Sand* 2010[1]

Mit dem Ende des Zweiten Weltkriegs begann die Ära des
Kalten Krieges. Nuklearenergie und Atomwaffen wurden
in der ganzen Welt zu einem bestimmenden Thema, mit
dem Sicherheitsbedürfnisse und Angstszenarien verknüpft wurden. Bereits ein Jahr nach Ausrufung des Staates Israel war auch der israelische Premierminister Ben
Gurion stark an der nuklearen Technik interessiert. 1949
flog deshalb François Perrin vom französischen „Commis-
sariat à l'Énergie Atomique" (CEA, Kommissariat für
Kernenergie) von Paris nach Tel Aviv, um sich dort mit
dem ehemaligen deutschen Flüchtling Ernst David Bergmann zu treffen. Die beiden Wissenschaftler berieten
darüber, wie sie sich auf dem Gebiet der Nuklear- und
Kernforschung gegenseitig helfen könnten. Perrin gehörte

dem Kreis um Frederic Joliot Curie an. Joliot Curie war nach dem Angriff Nazi-Deutschlands auf Frankreich nach England geflohen. Bergmann hingegen hatte in Deutschland Organische Chemie studiert und war aus dem vom Nationalsozialismus beherrschten Deutschland geflohen. In Israel leitete Bergmann mittlerweile ein Atomprogramm, das damals allerdings noch in Kinderschuhen steckte. Bergmann war in den Kreisen des CEA sehr bekannt, weshalb er auch zunächst in Frankreich um Hilfe für das eigene Programm warb. So entstand schon 1953 ein Kooperationsabkommen zwischen Frankreich und Israel. Die Journalistin Stephanie Cooke stellt in ihrem Buch „Atom"[2] fest, dass das Programm in seinen Anfängen ein bisschen an eine Kinderfreundschaft erinnert habe, denn beide Länder hatten ja eigentlich noch keine nennenswerten Kenntnisse, die sie hätten austauschen können.

Bertrand Goldschmidt war ein französischer Chemiker und Mitbegründer der Atomaufsichtsbehörde CEA. Er fand heraus, dass die USA ein neues Mittel gefunden hatten, mit dem eine Menge von Plutonium separiert werden konnte. Dieses neue Lösungsmittel hieß Tributylphosphat. Wie Goldschmidt erfuhr, hatten die USA dieses Mittel mit den Briten geteilt, und schon 1957 verkaufte das Londoner Chemieunternehmen Albright & Wilson Tributylphosphat an Frankreich. Der britische Geheimdienstagent und Abwehrbeamte Peter Kelly fand 1961, als er die Beteiligung seines Landes am israelischen Nuklearprogramm untersuchte, heraus, dass das neue Verfahren aber nicht nur an Frankreich allein gegangen war, sondern über Frankreich hinaus auch an Israel.

Bertrand Goldschmidt wurde von Ben Gurion bald in die Negev Wüste eingeladen. Dort sprach Gurion über die friedlichen Nutzungsmöglichkeiten der Atomenergie, die er vor allem dazu verwenden wollte, die Wüste zu begrünen. Heute ist uns klar, was tatsächlich geplant war, wenn Gurion von seinen Plänen zu einer ersten israelischen Atomanlage in der Nähe der Stadt Dimona sprach: Ben Gurion sah vor allem durch den Besitz einer Atombombe die Möglichkeit gegeben, jene Überlebensgarantie für Israel zu bekommen, die er suchte.

Israel machte zur gleichen Zeit wie Indien Avancen, eine eigene Atomanlage zu bekommen. Die kanadischamerikanische Übereinkunft, Indien einen Natururan-Reaktor zu bewilligen, ohne irgendwelche Bedingungen der Kontrolle daran zu binden, hatte Israel fasziniert. Die Inder wurden 1955 lediglich zu einer friedlichen Nutzung ihres CIRUS-Meilers verpflichtet. Auf diesen Fall konnte sich Frankreich berufen, wenn es Israel einen ähnlichen Reaktor bereitstellen würde.

Die Bedingungen für einen Austausch von Wissen und Technik zwischen Israel und Frankreich verbesserten sich noch einmal anlässlich der Suezkrise von 1956. Der ägyptische Präsident Gamal Abdel Nasser hatte damals die Anlagen des Suezkanals und den Kanal selbst nationalisiert, woraufhin sich die ehemaligen Kolonialmächte Frankreich und Großbritannien entschlossen, sich mit Israel zum Angriff zu verbünden. Dieses Vorhaben verstärkte die französisch-israelische Bündnispartnerschaft auch im Bezug auf das Dimona-Atomprogramm. Einen Monat vor dem Luftangriff Frankreichs und Großbritanniens auf ägyptische Flughäfen am 31. Oktober 1956 begrüßte Bertrand Goldschmidt Shimon Peres und den Wissenschaftler Bergmann in Paris. Perez bekleidete damals noch das Amt des Generaldirektors im Verteidigungsministerium, das heißt, er war maßgeblich mit der Waffenbeschaffung für das junge Israel beauftragt. „Die beiden suchten mich auf und sagten, sie würden gern einen Schwerwasserreaktor desselben Typs kaufen, den die Kanadier in Indien bauten", schilderte Shimon Peres Goldschmidt in Erinnerung an das Treffen. „Erläuternd fügten sie hinzu: Wenn die Amerikaner sehen, dass wir Nuklearkapazitäten besitzen, dann werden sie uns die Überlebensgarantie geben."

Schon vier Tage später wurde dieses Übereinkommen bei einem Dinner in der Residenz des israelischen Botschafters besiegelt; Ben Gurion sollte seinen Reaktor bekommen. Um die neugeknüpften Beziehungen auch institutionell zu festigen, wurde damals gleich innerhalb der DAM (Direction des Applications Militaires), der damaligen Rüstungsabteilung der CEA, eine eigene Abteilung für französisch-israelische Beziehungen eingesetzt.

Ab 1957 hatten sich Hunderte von französischen Ingenieuren und Technikern in der israelischen Stadt Beersheba niedergelassen, um an dem Atomkraftwerk mitzuarbeiten, das in nächster Nähe entstehen sollte. Um das Projekt fertigzustellen, bekamen die französischen Experten des Ingenieursbüros Saint Gobain vollen Einblick in die Konstruktionspläne der Wiederaufbereitungsanlage in Dimona. Der Reaktor, der damals „EL-102" genannt wurde, sollte eine Leistung von 24 Megawatt Wärmekraft erbringen. Die Wissenschaftler aus Frankreich stellten allerdings bald fest, dass die Kühlkanäle und die Mülldeponien für eine höhere Kapazität ausgelastet waren, was eine schnellere Plutoniumproduktion erlaubt hätte. Die Kapazität des Reaktors lag nach einer Schätzung der Ingenieure bei einer jährlichen Gewinnung von 20 bis 25 Kilogramm Plutonium – eine Menge für fünf bis sechs Atombomben.

Die Sicherheitsvorkehrungen in Dimona waren immens und somit typisch israelisch: Die französischen Mitarbeiter mussten beispielsweise ihre Briefe über ein Postfach in Lateinamerika verschicken, wenn sie nach Hause schrieben. Die Wiederaufbereitungsanlage wurde in ihren Einzelteilen auf dem Straßen-, Schienen- und Seeweg nach Israel transportiert. Anfang 1958 konnte die Grundsteinlegung für EL-102 stattfinden.

Die französisch-israelische Kooperation sah auch die Mitarbeit israelischer Fachleute in Frankreichs Atomreaktor in Saclay und in der Wiederaufbereitungsanlage in Marcoule vor. Wie Stephanie Cooke in ihren Untersuchungen herausfand, durften israelische Fachleute 1960 sogar an einem Atombombentest in der algerischen Wüste teilnehmen. Dies wurde als eine hohe Auszeichnung für Israel interpretiert, zeigte es doch das Vertrauen und den Wert, den Frankreich dieser Atomwaffenbrüderschaft entgegenbrachte. Interessanterweise wurde der Hauptverbündete der Israelis, die USA, nicht von diesen Entwicklungen unterrichtet. Die Kooperation zwischen Israel und Frankreich war streng geheim gehalten worden, auch die Abteilung für französisch-israelische Beziehungen in der Rüstungsabteilung der CEA war nirgendwo öffentlich erwähnt worden. Die US-Geheimdienste erfuhren davon erst, als die sogenannte „Dragon Lady", das Spionageflugzeug „Lokheed U-2", Ende 1958 über die Wüste Negev flog und dort Luftaufnahmen machte, die dem Weißen Haus unverzüglich vorgelegt wurden. Präsident Eisenhower war sehr beunruhigt und bat Ben Gurion um sofortige Aufklärung. Dieser erklärte daraufhin, dass das alles ganz harmlos sei, dass sein junger Staat lediglich plane, die Wüste mithilfe der Atomenergie zu begrünen und andere harmlose Projekte zu verwirklichen. So stimmte Eisenhower dem Vorhaben zu, zumal er selbst ja zuvor für die friedliche Nutzung von Atomenergie eingetreten war.

Im Januar 1961 stand John F. Kennedy kurz vor seinem Amtseintritt. Er erkundigte sich im Regierungsstab seines Vorgängers, bei welchen Staaten außerhalb des Ostblocks man noch mit Atomwaffen rechnen müsse. Der noch amtierende Außenminister Christian Herter sagte schließlich zu Kennedy: „Israel und Indien". Im Gegensatz zu Eisenhower zeigte sich Kennedy ungehalten über diese Information – er war sich nicht sicher, ob die USA als westliche Sachwalter der Atomprogramme dies so einfach zulassen sollten.

1962 kam es zur Kubakrise, die die damalige Welt fast an den Abgrund einer atomaren Auseinandersetzung brachte. Nicht umsonst schlief der Generalsekretär der sowjetischen KP in Moskau zu dieser Zeit voll bekleidet, damit er im Ernstfall nicht mit heruntergelassenen Hosen und im Pyjama dastehen würde.

Eine Folge der Kubakrise waren erste Verhandlungen zwischen den USA und der Sowjetunion über eine Rüstungskontrolle. Im August 1968 kam es zu einem ersten „Vertrag über das Verbot von Kernwaffenversuchen in der Atmosphäre, im Weltraum und unter Wasser", und am 1. Juli unterzeichneten die USA und die Sowjetunion schließlich als erste Nationen den Atomwaffensperrvertrag, der seit dem März 1970 in Kraft ist.

Israel hat diesen Vertrag niemals unterzeichnet und wurde dafür auch nicht sanktioniert. Eher im Gegenteil.

Israel, so schien sich die westliche Welt eingestimmt zu haben, muss sich sowieso an keine Regeln im internationalen Verkehr halten.

Am 26. September 1969 fand ein Gipfeltreffen zwischen dem US-Präsidenten Richard Nixon und der israelischen Ministerpräsidentin Golda Meir statt, bei dem im Grunde die jährlichen „Inspektionen" der USA im Atomreaktor in Dimona eingestellt wurden und aus der vorherigen inoffiziellen Duldung somit eine offizielle Politik geworden war: Israel wurde von da ab nicht mehr daran gehindert, sein Nuklearprogramm durchzuführen. Auch als sich Hinweise darauf häuften, dass Israel 1979 mithilfe des Apartheidstaates Südafrika seine erste Serie von Atomtests durchgeführt haben könnte, hielt die Administration in Washington still, obwohl 1977 im US-Kongress ein Gesetz durchgesetzt worden war, durch das für den Fall eines Atomtests Sanktionen drohten. Allerdings hatte der Kongress auch verfügt, dass die amerikanischen Militär- und Finanzhilfen für Israel nur mithilfe des Präsidenten gekappt werden oder gestrichen werden dürften.

Eben aus diesem Grund geriet später Präsident Jimmy Carter in die Klemme, hätte er doch nach dem Gesetz von 1977 Sanktionen verhängen müssen, hätte es sich tatsächlich um einen Atomtest gehandelt – und das wiederum hätte für ihn zu politischen Problemen geführt. Um dieses Dilemma zu lösen, wurde ein Gutachten in Auftrag gegeben, das den sogenannten „Vela-Zwischenfall" aufklären sollte. Das Gutachten relativierte die Aussage, dass es überhaupt einen Atomtest in Südafrika gegeben habe. Zwar hätten die optischen Sensoren des Vela-Satelliten 6911 zwei kurz aufeinanderfolgende Lichtblitze registriert, wie sie typischerweise von einer Kernexplosion verursacht würden. Der Satellit sei jedoch zu diesem Zeitpunkt bereits veraltet gewesen und seine wichtigsten Detektoren seien ausgefallen, deshalb habe er eine Explosion nicht eindeutig nachweisen können. Obwohl es weitere Indizien gab, die für einen Atomtest Südafrikas und Israels sprachen, kam die von Carter eingesetzte Kommission zu dem Ergebnis, dass die wahrscheinlichste Erklärung für die ungewöhnlichen Messergebnisse ein Einschlag eines Mikrometeoriten am Satelliten sei.

Offiziell, muss an dieser Stelle nochmals betont werden, verfügte Israel zu diesem Zeitpunkt über keinerlei Atomwaffen.

Erst 1986 erschien ein Artikel in der Londoner Sunday Times, der dies alles in einem anderen Licht erscheinen ließ. In diesem Artikel veröffentlichte Mordechai Vanunu erstmals Beweise für ein Atombombenprogramm in Israel. Vanunu hatte im Reaktor von Dimona gearbeitet, bis er 1985 seinen Arbeitsplatz verlor. Schon länger akzeptierte Vanunu die Politik seiner Regierung nicht mehr unkritisch; auch sympathisierte er mit den Forderungen der vertriebenen Palästinenser nach einem eigenen Staat. Bevor er den Atomreaktor in Dimona zum letzten Mal verließ, schoss er heimlich etliche Fotos, die der Öffentlichkeit beweisen sollten, was tatsächlich in Israel geschah. Mit seinen Fotos und zahlreichen Dokumenten verließ Vanunu das Land und reiste nach Australien. Dort lernte er einen Reporter der Sunday Times kennen, der ihn nach London brachte und den Artikel veröffentlichte, der unter anderem auch folgenden Satz enthielt: „Damit dürfte feststehen, dass Israel seit mindestens einem Jahrzehnt eine voll entwickelte Atommacht ist."[3]

Für Mordechai Vanunu hatte dieser Artikel folgen-schwere Konsequenzen: Noch fünf Tage bevor der Artikel gedruckt wurde, verschwand er plötzlich aus London. Die Mossad-Agentin Cindy Hanin Bentov war auf ihn ange-setzt worden und hatte ihn unter Vorwänden nach Rom gelockt. In Rom wurde Vanunu betäubt, entführt und auf dem Seeweg nach Israel gebracht. Wegen Spionage und Landesverrat wurde er dort zu achtzehn Jahren Gefängnis verurteilt, von denen er elf Jahre in strenger Isolationshaft verbringen musste.

Vanunu erzählt, er habe sich vor den Enthüllungen oft gefragt, ob es sich wirklich lohne, sein Leben dafür zu op-fern, dass die internationale Öffentlichkeit die Wahrheit über Israel erfahre. Auch heute noch, nach den langen Jahren in Haft, beantwortet er diese Frage mit einem ent-schiedenen Ja. Letzten Endes sei er glücklich darüber, dass er es getan habe, sagt er. 1987 bekam er den alternativen Friedensnobelpreis, doch noch immer wird ihm die nöti-ge Anerkennung häufig nicht zuteil.

Als Vanunu 2004 aus der Haft entlassen wurde, wur-den ihm strenge Beschränkungen auferlegt. Er darf Israel nicht verlassen und sich keiner ausländischen Botschaft nähern. Er darf weder ein Handy noch das Internet be-nutzen, außerdem ist ihm jeder Kontakt zu ausländischen Journalisten verboten. Trotz dieser Restriktionen gibt Va-nunu nicht auf und gibt immer wieder Interviews. Im Mai 2010 musste er deshalb erneut für drei Monate ins Gefängnis.

Am 14. Juli 2010 schrieb deshalb die Friedensnobel-preisträgerin Mairead Corrigan-Maguire einen bewegen-den offenen Brief an das jüdische Volk, damit ein guter Mensch, „ein Mann des Friedens und ein Mann des Gewissens" wieder seine Freiheit erlange. Für den Geheimdienst ist Vanunu weiterhin ein Sicherheitsrisiko. Aber Vanunu ist kein Risiko für die nationale Sicherheit Israels: Er kennt keine nuklearen Geheimnisse mehr als die, die er ohnehin schon publiziert hat. Außerdem – um das Mindeste zu sagen – ist es blankes Unrecht, diesen Mann über seine Gefängnistrafe hinaus weiter büßen zu lassen.

Auch wenn Israel es nie offiziell bestätigt hat, können wir also davon ausgehen, dass es über atomare Waffen verfügt. Diese Bewaffnung ist ein deutliches Zeichen dafür, in welche Richtung die israelische Politik geht. Der preußische General und Militärtheoretiker Carl von Clausewitz hat einst das berühmte Diktum geprägt, dass Krieg eine bloße Fortsetzung der Politik unter Einbeziehung anderer Mittel sei. In Israel scheint dieser Grundsatz umgekehrt worden zu sein; immer ist Politik die Fortsetzung des dauerhaften Krieges mit anderen Mitteln.

2006 führte Israel erneut einen Krieg gegen den Libanon. Offizieller Grund dieses Krieges war die Entführung zweier israelischer Soldaten, allerdings gab Ehud Olmert im März 2007 zu, dass der Plan für diesen Krieg schon Monate vor der Entführung der Soldaten festgestanden habe, und auch der stellvertretende Botschafter Israels in Deutschland, Ilan Mor, zeigte sich davon überzeugt, dass es in jedem Fall zu einem Krieg mit dem Libanon gekommen wäre. Eigentliches Ziel des Krieges war es daher wohl eher, das gesamte militärische Potenzial der parastaatlichen Hisbollah-Miliz zu zerstören und damit deren Einfluss im Libanon zu brechen. Das genaue Gegenteil aber hat stattgefunden: Die Hisbollah konnte während des Krieges den Norden Israels, vor allem die Hafenstadt Haifa, und das israelische Kriegsschiff „Hanit", immer wieder mit Raketen treffen. Die Kapazitäten der Hisbollah wurden zwar geschmälert, aber nicht militärisch vernichtet. Der Plan, den politischen und geistlichen Führer der Hisbollah, Hassan Nasrallah, zu ermorden, misslang ebenfalls.

Stattdessen kippte die Stimmungslage in der gesamtlibanesischen Bevölkerung, da Israel im Laufe des Krieges mit Luftangriffen auf Ziele im gesamten Libanon begann und eine Seeblockade verhängte, sodass nicht nur die Hisbollah, sondern die gesamte libanesische Bevölkerung unter den Angriffen zu leiden hatte. Schließlich mussten internationale Friedenstruppen den Krieg mühselig mit großem diplomatischen Gerangel am 14. August 2006 beenden. Nach dem Ende des Krieges wurde in Israel eine Untersuchungskommission, die sogenannte Winograd-Kommission, eingesetzt, die mit Hinblick auf kommende Konflikte die militärischen und politischen Fehler der israelischen Kriegsführung analysieren sollte. Die Ergebnisse dieser Kommission zeigten, dass der Präventivkrieg gegen den souveränen Staat Libanon wohl vor allem deshalb geführt worden war, um den Nachbarstaaten in Nahost und auch der ganzen Welt wieder einmal die abschreckende Kraft israelischer Waffen, Bomben, Flugzeuge, Panzer und Soldaten zu demonstrieren.

Und dieser Krieg sollte nicht der letzte sein. Wenn man den israelisch-libanesischen Konflikt 2006 als den fünften israelisch-arabischen Krieg bezeichnet, so war der sechste Krieg der Gazakrieg. 2006 waren vermehrt Vermutungen geäußert worden, dass die Hisbollah die beiden israelischen Soldaten entführt und somit den Konflikt geschürt habe, um militärischen Druck von der Hamas im Gazastreifen zu nehmen. Im Gazakrieg 2008 schien es Israel nun umgekehrt um Rache für den nicht gelungenen Vernichtungsangriff auf den Libanon und die Hisbollah zu gehen.

Nach jahrelangen Krisen und Auseinandersetzungen im Gazastreifen konnte im Sommer 2008 nach ägyptischer Vermittlung ein Waffenstillstand zwischen Israel und der Hamas ausgerufen werden, der sechs Monate währen sollte. Von Anfang an hielten sich beide Seiten nicht in vollem Umfang an dieses Abkommen. Die Hamas reduzierte zwar ihre Bombenangriffe auf die südlichen israelischen Gemeinden, stellte sie aber niemals ganz ein. Israel hingegen erfüllte die dringendsten Forderungen der Hamas ebenso wenig: die Öffnung der Grenzübergänge für den Personen- und Warenverkehr, damit die im Gazastreifen so dringend benötigten Nahrungsmittel und Baumaterialien in das Land gebracht werden könnten. Am 4. November 2008 drang die israelische Armee dann schließlich in den Gazastreifen ein und tötete einen Hamas-Aktivisten, vier weitere kamen bei den gleichzeitigen Luftangriffen ums Leben. Es handelte sich bei dieser Aktion Israels um den bis dahin schwersten Verstoß gegen den Waffenstillstand, den Israel damit rechtfertigte, dass es „drohende Gefahren" habe abwenden wollen. In der Folge dieses Angriffs kündigte die Hamas den ohnehin auslaufenden Waffenstillstand am 18. Dezember 2008 auf und begann mit einem massiven Raketenbeschuss der Städte Netivot, Aschkelon und Beerscheba.

Doch natürlich ließ Israel diese Angriffe, die man auch als Gegenwehr interpretieren kann, nicht auf sich beruhen.

Am 27. Dezember 2008 begann um 11.30 Uhr – nur einen Tag nach den Weihnachtsfeiertagen und dazu an einem Sabbat – der gut vorbereitete Angriff der israelischen Armee. 90 Kriegsflugzeuge ließen 100 Tonnen Bomben auf 100 Ziele innerhalb des nur 139 Quadratkilometer großen Gazastreifen niederfallen und richteten bereits innerhalb der ersten fünf Minuten ein Blutbad an. 225 Menschen wurden getötet, weitere 700 verwundet. Das war der Beginn der Operation „Gegossenes Blei", deren Beginn für die Hamas völlig überraschend gekommen war. Israel hatte der Hamas kurz zuvor ein 48-Stunden-Ultimatum gestellt, um die Angriffe von Gaza nach Israel einzustellen – die Angriffe Israels begannen aber schon 24 Stunden vor Ablauf dieses Ultimatums. Ein Kommandeur formulierte die israelischen Ziele damals in aller Klarheit: „Wir werden sehr gewaltsam sein, wir scheuen uns nicht, alles anzuwenden, um jedes Opfer auf der Seite unserer Truppen abzuwenden." Und mit solchen Äußerungen stand er nicht allein da, wie Aussagen des Verteidigungsministers und Generals a. D. Ehud Barak aus der Zeit belegen.

Uri Avnery war einer der ganz wenigen in Israel, die sich nicht mit dem Angriff einverstanden erklärten, wie das die überwiegende Mehrheit der Israelis tat. Er beklagte damals in seinem wöchentlich erscheinenden Artikel die Bereitschaft der israelischen Streitkräfte, 80 Palästinenser zu töten, wenn es darum gehe, einen einzigen israelischen Soldaten zu retten.

Statt nach 34 Tagen (wie im Libanonkrieg 2006) war die Gaza-Operation in „nur" 22 Tagen beendet. Trotzdem waren die Folgen für die Bevölkerung im Gazastreifen verheerend. 1330 Gaza-Bewohner starben, die Hälfte davon waren Zivilisten, darunter 410 Kinder. Israel dagegen hatte dreizehn Tote zu beklagen, drei davon waren Zivilisten.

In diesem Krieg zeigte die israelische Politik, wie weit man bereit war zu gehen, um die eigene Sache zu verteidigen. Die weltweite Öffentlichkeit, so sehr man Israel in den vorangegangenen Konflikten auch in Schutz genommen hatte, zeigte sich bestürzt angesichts der Geschehnisse zu Beginn des Jahres 2009.

Schon zu Beginn des Krieges hatte man deutlich gemacht, dass man die Infrastruktur der Hamas zerstören wolle – wozu auch Polizeistationen, Moscheen, Ministerien und Wohnhäuser gezählt wurden. Am 15. Januar 2009 geriet dann aber auch die UN-Zentrale in Gaza-Stadt unter Beschuss. In der Nacht zuvor waren etwa 700 Palästinenser in dieses Gebäude geflüchtet, da sie sich an keinem anderen Ort mehr sicher fühlten. Bei dem Angriff starben auch drei UN-Mitarbeiter. Nachdem der Generalsekretär der UN, Ban Ki Moon, diese Aktion scharf verurteilt hatte, sprach schließlich auch der israelische Verteidigungsminister Barak von einem „schwerwiegenden Fehler". Wie ernst gemeint diese Einsicht war, zeigte aber nur zwei Tage später der Beschuss einer Schule der Vereinten Nationen – ein weiteres rein ziviles Ziel. Zwar behauptete das israelische Militär, man habe die Schule „versehentlich" getroffen, ein Sprecher der UN ließ jedoch daraufhin verlauten, dass die Koordinaten der Schule dem Militär genau bekannt gewesen seien. Nach diesen Vorfällen wurde die israelische Politik zunehmend kritisert. Es lag also vermutlich nicht zuletzt an dem Druck der Weltöffentlichkeit, dass das israelische Sicherheitskabinett noch am Tag der Bombardierung der Schule eine einseitige Waffenruhe beschloss. Einen Tag darauf verkündete dann auch die Hamas einen sofortigen Waffenstillstand. Nicht unerheblich für die israelische Entscheidung, den Krieg zu beenden und mit dem Rückzug der Truppen zu beginnen, dürfte auch ein anderer Umstand gewesen sein: Man erklärte, dass die israelischen Bodentruppen den Gazastreifen bis zum 20. Januar verlassen haben würden. Dies war nicht zufällig der Tag des Amtsantritts des neuen amerikanischen Präsidenten Barack Obama.

Wie dramatisch sich der Krieg auf die zivile Bevölkerung im Gazastreifen auswirkte, wurde erst im Nachhinein in vollem Umfang erkennbar. Schon vor Ende der Operation „Gegossenes Blei" schrieben zwölf Bürger mit jüdischem Hintergrund („jewish origin") in einem Brief an den britischen „Guardian", dass das, was sie von dem Gazakrieg gesehen hätten, sie sehr stark an Szenen aus dem Warschauer Ghetto im nazibesetzten Polen erinnert habe und an den „Tod durch Hunger", der damals den Menschen in der Aufstandsstadt von dem Statthalter der Nazis Hans Frank angedroht worden war.[4] Israel weigerte sich, die Grenzen dauerhaft für wichtige humanitäre Hilfslieferungen zu öffnen. Zwischenzeitlich brach für viele Menschen im Gazastreifen die Wasserversorgung zusammen, auch hatten Tausende ihre Häuser verloren oder verlassen.

Völkerrechtlich war der Angriff eine Katastrophe, denn Israel griff ein Gebiet an, das es selbst unter Besatzung hielt. Zwar gab es im Gazastreifen keine jüdischen Wehrdörfer mehr und es waren dort auch keine eigenen Soldaten mehr dauerhaft stationiert. Aber das Gebiet war vollständig ab- und eingeschnürt. Auch das Deutsche Auswärtige Amt bekräftigte seine Position, nach der es sich in Gaza um ein besetztes Gebiet Israels handle. Israel wäre nach den Genfer Konventionen dafür verantwortlich gewesen, die Bevölkerung zu versorgen und das zivile und kommerzielle Leben dort aufrechtzuerhalten.

Für Israel war dieser Krieg hingegen fast schon so etwas wie ein heiliger Krieg. Grund dafür war der zunehmende Einfluss der religiös orthodoxen Parteien. Der zunehmende othodoxe Einfluss zeigte sich auch in der israelischen Armee, die einstmals streng säkular gewesen war. Mittlerweile machten die religiösen Juden bereits 40 Prozent der graduierten Offiziere und 30 Prozent der Mannschaften aus. Welchen Einfluss das auf die Haltung der Soldaten haben kann, wird anhand der Broschüren, die die Militärseelsorge der Rabbiner verteilen ließ, deutlich. Darin war zu lesen, dass die heutigen Palästinenser nicht von den Philistern verschieden seien, die einst von den Israeliten verjagt worden waren.[5] Dabei darf nicht vergessen werden, dass diesen Philistern schon im Buch Amos des jüdischen Tanach die endgültige Vernichtung angedroht wurde. Ebenfalls in dieser Broschüre stand, dass es reine Unmoral wäre, sich zu einem grausamen Feind anders als grausam zu verhalten. Und es sei eine Todsünde, auch nur einen einzigen Millimeter des Landes Israel an die Heiden zu verschenken.

Israel hat sich stark verändert in den letzten drei Jahrzehnten. Wie schon mehrfach gezeigt werden konnte, geht es schon längst nicht mehr darum, die israelischen Sicherheitsbedürfnisse zu verteidigen. Israel vertritt immer mehr eine imperiale Haltung. Das verärgert zunehmend selbst die engsten Verbündeten Israels. Der US-Vizepräsident Joseph Biden beispielsweise wurde bei seinem Besuch in Jerusalem im März 2010 so heftig düpiert, dass die Außenministerin Clinton alle Hände voll zu tun hatte, ihn von einer Abreise abzuhalten. Biden hatte bei seinem Besuch in Vorbereitung zu neuen Friedensgesprächen das gute israelisch-amerikanische Verhältnis zur Schau stellen wollen. Plötzlich aber wurde bekannt, dass das israelische Innenministerium ausgerechnet zur Zeit dieses Besuchs den Bau von 1600 zusätzlichen Wohnungen im ostjerusalemer Viertel Ramat Schlomo bewilligt hatte – einem Viertel, das aus palästinensischer Sicht zum Westjordanland gehört. Eine solche Entscheidung lief natürlich allen Gesprächen für einen möglichen Frieden im Nahen Osten zuwider. Am Abend des Tages, an dem dieser Vorfall bekannt geworden war, ließ Biden seinen Gastgeber Netanjahu dann eineinhalb Stunden lang auf sich warten – ein deutliches Signal.

Vor diesem imperialen Gehabe des Staates ist auch die Friedensbewegung Israels in die politische Bedeutungslosigkeit gedrängt worden, auch wenn ihre einzelnen Vertreter nach wie vor Bewundernswertes leisten. Mein palästinensischer Freund Daoud Nassar erklärt mir immer wieder mit großer Traurigkeit, dass eine Veränderung nur aus der israelischen Gesellschaft selbst kommen könne. „Israel hat seine Seele verloren. Es muss seine Seele wieder zurückgewinnen!" Daoud Nassar ist eine dieser bewundernswerten Figuren der Friedensbewegung. Er, der Palästinenser und Christ, hat schon als junger Mann ein Zeichen gesetzt und das Friedensprojekt „Zelt der Völker" gegründet. Nassar gehört auch ein Weinberg, der ebenfalls dem Projekt zur Verfügung steht. Dieser Weinberg liegt in der Nähe von Betlehem in einem besetzten Gebiet. Rings um den Weinberg „Daher", der nach Nassars Großvater benannt ist, der den Weinberg 1924 gekauft hatte, leben israelische Siedler. Seit Jahren kämpft Nassar vor israelischen Gerichten darum, dass die Besitzrechte seiner Familie an dem Grundbesitz anerkannt werden.

In Hunderten von Begegnungen arbeitet dieser Mann daran, dass Jugendliche im gegenseitigen Zusammensein lernen, in Frieden und Toleranz zusammenzuleben. Die Menschen, die ihn besuchen, kommen auch aus Israel und der gesamten jüdischen Diaspora. Sein Ziel ist es, die jüdische Perspektive nachhaltig zu verändern und so einen neuen Selbstfindungsprozess zu ermöglichen. Einen solchen Selbstfindungsprozess wünscht sich nicht nur Nassar. Auch Rolf Verleger, ehemaliges Direktoriumsmitglied im Zentralrat der Juden in Deutschland, mahnt ein breites Umdenken an: Israel sollte von seiner Haltung der Stärke und seines alleinigen sichverlassens auf militärische, polizeiliche und geheimdienstliche Gewalt ablassen. Eine solche Politik macht jede Gesellschaft kaputt in ihrer – ja, es gibt kein besseres Wort dafür – Seele.

Von der gefährdeten Seele des jüdischen Volkes war schon früher die Rede. 1948 schrieb der in Deutschland geborene Jude Gideon Freudenberg einen Brief an seinen Lehrer. Er lebte seit 1936 in Palästina und war Zeuge der dramatischen Geschehnisse geworden, die zur Gründung des Staates Israel geführt hatten, und der diesen vorausgegangenen und folgenden Kämpfen mit den arabischen Armeen. Freudenbergs Lehrer indes war niemand anderes als der berühmte jüdische Religionsphilosoph Martin Buber. In seinem offenen Brief, der unter dem Titel „Krieg und Frieden"[6] veröffentlicht wurde, schrieb Freudenberg, dass zwar die Gefahr der Vernichtung des Aufbauwerkes auf wunderbare Weise gebannt sei, obwohl ja immer noch Krieg sei. Eine andere Gefahr sei jedoch noch nicht gebannt: „die Vernichtung der Seele unseres Werkes, der Seele des Zionismus durch den Geist der Gewalttätigkeit, des Nationalismus, des Militarismus". Freudenberg schrieb an Buber, dass der Weg aber weiter offenstehe zu einem Friedensstaat für Juden und Araber, die willens seien innerhalb seiner Grenzen zu leben, einem Staat des Rechtes und der Gerechtigkeit für das jüdische Volk, von dem Moses Hess Pinsker und Herzl geträumt hätten.

Die Antwort Martin Bubers an seinen Schüler war ebenso hoffnungsspendend wie sie auch heute noch aktuell ist. Das wahre Wesen des Zionismus, wie er ihn verstehe, hänge daran, dass er ein Friedenswerk sei: „Die wahrhaft Kühnen sind nicht die, die Konquistadorenträume träumen, sondern die eine Zukunft schauen, wo zwei Brüdervölker gemeinsam Vorderasien neu erblühen lassen."[7]

Mit dieser Antwort sind auch Daoud Nassars Wünsche für die Zukunft geistig verwandt. Immer wieder bedauert Nassar mir gegenüber, dass die jüdisch-israelische Gesellschaft ihre Seele verloren habe, weil sie sich überall nur mit Gewalt weiter ausbreite, Land konfisziere, Mauern aufbaue und den Palästinensern nur ein Heloten-Dasein erlaube. 1950 äußerte Martin Buber eine weitere vorausblickende Erkenntnis: „Das Heer Israels hält stand. Aber kein Triumph kann den Klaräugigen darüber hinwegtäuschen, dass die Seele des Zionswerks verwüstet ist."[8] Gilt das nicht bis heute? Daoud Nassar ist noch jung und optimistisch. Er glaubt daran, dass eine neue jüdische Generation in Israel zu den friedfertigen Wurzeln der Seele des jüdischen Volkes zurückkehren wird.

Die andere Seite
Verständnis für die Juden, die nach Israel gegangen sind

Ich will nicht immer nur kritisieren und anmahnen. An einer Stelle dieses Buches muss auch gesagt werden, wie sehr ich manche Gefühle, bittere Erfahrungen, geschichtliche Einsichten und Haltungen der Israelis verstehe. Das Volk Israel ist in der Weltgeschichte schlimmsten Verfolgungen ausgesetzt gewesen, und die Gräueltaten des Nationalsozialismus sind noch immer unvergessen und werden es immer sein. Es ist somit durchaus verständlich, dass ein Volk, das in seiner Existenz so sehr bedroht war, kaum noch die Kraft hat, sich in die andere Seite, in die Palästinenser und ihre Situation, hineinzuversetzen.

Ich habe mich tausendfach gefragt, wie ich dieses Gefühl, dieses tiefe Trauma respektieren und dennoch gegen das Unrecht anschreien kann, das den Palästinensern geschieht.

Ich lese von der Begegnung der Autorin Alexandra Senfft mit Uri Bloch.[1] Uri Bloch war 1932 in Basel in der Schweiz als das fünfte Kind einer jüdischen Familie geboren worden. Noch immer kann sich Uri Bloch an den damals vorherrschenden Antisemitismus erinnern, der uns aus heutiger Perspektive kaum noch begreiflich erscheint. Als „Judebüeblki!" und „Saujud" wurden sogar die Kinder angefeindet, wirklich unbegreiflich. Uri wurde religiös erzogen, seine Eltern waren überzeugte Zionisten. Sein acht Jahre älterer Bruder Aryeh half später Flüchtlingen bei der Einwanderung nach Israel. Zusammen mit seinem

Bruder machte sich Uri nach dem Zweiten Weltkrieg auf den Weg nach Palästina. Ihre Reise begann Anfang 1947 auf einem Fischkutter. Um Luft zu bekommen und nicht ersticken zu müssen, bewältigte Uri die wochenlange Überfahrt nahe eines kleinen Luftlochs auf einer Pritsche liegend. Kurz bevor sie endlich die Küste erreicht hatten, griffen die Engländer, die noch für ein paar wenige Monate das Mandat für Palästina innehatten, das Schiff an. Nach kurzem Kampf wurde der Fischkutter nach Haifa abgeschleppt, während die Insassen des Bootes auf einem Marinekutter in die Stadt gebracht wurden. Uri verbrachte im Anschluss daran sechs Monate in einem Lager für Kinder, erst im August 1947 durften die Kinder nach Palästina. Uri war zu diesem Zeitpunkt 15 Jahre alt und sehr klein gewachsen, was der einzige Grund dafür war, dass er noch in das Kinderlager eingewiesen worden war. Frei war Uri aber auch nach diesem ersten Lager nicht, er wurde in ein Jugenddorf in der Nähe von Haifa gebracht – eine Station seines Lebens, die er aus heutiger Sicht mit dem so kurzen, aber bedeutungsschweren Satz beschreibt: „Ich war sehr unglücklich!" Erst zwei Jahre später, im Jahr 1949, kamen auch seine Eltern und sein Bruder Albert nach Israel. Sie lebten die ersten Jahre zu viert in einer kleinen Wohnung, die sie sich mit einer zweiten Familie teilen mussten. Der Lebensalltag war mühsam und hart und dies gerade für Uri, auf dem die hauptsächliche Verantwortung für seine Familie lastete. Da sein Vater kein Hebräisch sprach, arbeitete Uri in einem Kolonialwarenladen und ernährte seine Eltern und Albert.

1948 ereignete sich letztlich jener Moment, mit dessen Bewältigung die Israelis noch heute furchtbare Probleme haben. Viele Araber waren aus dem ehemaligen Palästina vertrieben worden oder mussten flüchten – bis heute weiß man nichts Genaues darüber. Nach Angaben des bedeutenden israelischen Historikers Benny Morris lebten in Haifa 1948 140.000 Menschen, von denen die eine Hälfte Juden waren, die andere hingegen Araber. Benny Morris ist einer der einflussreichsten ‚Neuen israelischen Historiker‘, einer Gruppe von Wissenschaftlern, die die bisherige Geschichtsschreibung Israels und des Zionismus infrage stellt. Diese Gruppierung ist in Israel sehr umstritten. Auch Uri Bloch ist anderer Meinung als Morris: Es habe damals schon mehr Juden als Araber in Haifa gegeben, sagt er, denn schon 1942 gewann bei den Wahlen zum Bürgermeister der jüdische und nicht der arabische Kandidat. Die Araber seien also nicht ‚plötzlich‘ aus Haifa verschwunden.

Doch das ist wahrscheinlich nicht richtig, wohl eher eine Gewissensberuhigung, wie man mittlerweile weiß. Tatsächlich hat es flächendeckende Vertreibungen der Araber im ehemaligen Palästina gegeben, nicht alle Araber flohen also freiwillig aus dem Land, als sich die Bildung eines jüdischen Staates abzeichnete. Benny Morris stellt in seinen Untersuchungen fest, dass auch Haifa trotz mancher Besonderheiten ein typisches Beispiel für den Umgang mit den Palästinensern gewesen sei: Diese seien nicht etwa aufgrund einer Anweisung der arabischen Führung geflohen, wie häufig und vor allem vonseiten Israels behauptet worden war. Stattdessen sei die Massenflucht der Araber Folge des Einflusses und der Angriffe der Haganah gewesen, einer zionistischen paramilitärischen Untergrundorganisation. Uri Bloch sträubt sich vehement gegen diese Sichtweise der Geschichte. Für ihn verließ die arabische Bevölkerung damals freiwillig das Land, obwohl sie in den neuen israelischen Staat integriert worden wären. Somit sei es ihr eigener Fehler, dass sie heimatlos wurden, meint Bloch. „Dafür die Haganah verantwortlich zu machen, geht ein bisschen zu weit", sagt er.

Diese Haltung ist als eine rein subjektiv-israelische vielleicht verständlich. Versetzt man sich aber auch nur für einen kurzen Moment in die Lage des jeweiligen anderen, so stößt dieses Verständnis wieder auf enge Grenzen. Man muss sich das auch so vorstellen: Da kommen plötzlich Schiffe aus Europa mit völlig fremden Menschen, die einen ganz anderen kulturellen Hintergrund haben und sich plötzlich in direkter Nachbarschaft nicht nur ansiedeln und ausbreiten, sondern auch Teile des ganzen Landes für sich beanspruchen. Menschen, die schließlich Anstalten machen, die ortsansässigen Einheimischen zu vertreiben, hinauszujagen, herauszuekeln.

Wie würde das ein Jude in seinem eigenen Land empfinden, würde ihm dies in seinem eigenen Viertel passieren?

Der Bürger- bzw. Unabhängigkeitskrieg jedoch, das muss auf der anderen Seite ebenso festgestellt werden, wurde von arabischer Seite aus angezettelt. Noch in der Nacht, in der Ben Gurion die israelische Unabhängigkeitserklärung verlas, erklärten Ägypten, Saudi-Arabien, Jordanien, der Libanon, der Irak und Syrien dem jungen Staat den Krieg. Hätten sie diesen Fehler nicht gemacht, hätten die Palästinenser heute vermutlich schon ihren eigenen Staat (und die Araber, die in Haifa leben, wären gut integrierte israelische Bürger). Erst in diesem Krieg eroberte sich Israel ein zusätzliches Territorium, das das ursprünglich

vorgesehene Gebiet um beinahe 50 Prozent erweiterte –
insbesondere um den westlichen Teil Jerusalems, das von
den Vereinten Nationen als unabhängiges Gebiet ausgewiesen war. Man kann, berücksichtig man diese historischen Fakten, schwerlich nur den Ausdruck ‚Vertreibung‘
verwenden, wenn man von dem Verschwinden der arabischen Bevölkerung aus dem heutigen Israel spricht –
man muss auch sehen, dass viele dieser Araber das Land
erst verließen, als klar war, dass die arabischen Nationen
nicht gegen den jungen israelischen Staat gewinnen würden. In diesen Fällen muss man statt von Vertreibung von
Flucht sprechen.

Der israelische Psychotherapeut Dan Bar-On hat geschrieben, dass das jüdisch-israelische kollektive Gedächtnis die Tatsache nicht anerkennen könne, dass die
meisten dieser Flüchtlinge nie mehr zurückkamen – also
eigentlich für immer aus ihrer Heimat vertrieben worden
waren. Dan Bar-On hat als Experte viele Bücher zum
Thema Dialog in Konfliktsituationen geschrieben – 1992
schaffte er es sogar, in seinem Gesprächskreis „To Reflect
and Trust" Täter- und Opferkinder des Holocaust zu-
sammenzuführen. Heute gilt sein Engagement in be-
sonderem Maße auch dem israelisch-palästinensischen
Konflikt.

Die Traumatisierung der jüdischen Bevölkerung war
für die, die noch zur Opfergeneration gehörten, von einer
kaum vorstellbaren Tiefe. Ich kann mir gut vorstellen,
dass ein Mensch, der von Verfolgung und Vernichtung
bedroht war, sich, wenn er diesen Horror überlebt hat,
endlich Ruhe, Frieden und Aufbau wünscht in einem
Land, in dem er weit fort ist von den Menschen, die an
seiner Verfolgung direkt oder auch nur indirekt beteiligt

waren. Und es erscheint mir auch gut nachvollziehbar, dass ein solcher Mensch in seinem jüdisch-israelischen, zionistischen Gedächtnis keine eigenen Vertreibungen wahrhaben will, keine Vertreibungen von arabischen Menschen, die weichen mussten, um ihm selbst Platz zu machen. Doch trotz allem Verständnis: Bei dieser Position darf nicht stehen geblieben werden.

Schon früh haben Menschen, auch Zionisten wie Martin Buber, darauf bestanden, dass der Prozess der Eingliederung einer jüdischen Bevölkerung in das geografische und geohistorische Gebilde im Nahen Osten nur vonstatten gehen könne, wenn man die friedfertige Nachbarschaft mit den Arabern anstrebe. Ein solcher Vorsatz wird aber nur möglich, wenn man diesen Arabern – unabhängig davon, ob sie sich so benehmen, wie man das gern hätte – ihre Selbstbestimmung und ihre angestammten Rechte lässt. Ben Gurion habe, so schrieb Buber hellsichtig, zwar erklärt, dass mit dem Judenstaat, den er anstrebe, ein Staat gemeint sei, in dem „Gerechtigkeit und Gleichheit zwischen den Nationen herrschen", aber, so Buber weiter: „Können wir denn von den Arabern erwarten, dass sie dieses Versprechen als eine Verpflichtung akzeptieren, die unsere Zukunft an ein Verhältnis ihnen gegenüber fesselt? Eine Verpflichtung, der unsere künftigen Generationen in jedem Fall nachkommen werden?" Die bisher aus der Weltgeschichte bekannten Beziehungen zwischen Minderheits- und Mehrheitsvölkern innerhalb des gleichen geografischen Territoriums seien nicht besonders ermutigend, und es sei nur natürlich, „dass das Vertrauen der Araber uns gegenüber nicht größer ist als unseres ihnen gegenüber.[2] Für Martin Buber war das Eindringen von Juden nach Palästina an sich keine unmoralische Handlung. Unmoralisch war für ihn nur, wenn ein gutes Ziel mit schlechten Mitteln und ohne Rücksicht auf Verluste durchgesetzt werden sollte, wenn der ursprünglich friedliche zionistische Gedanke sich also von seinen eigenen Wurzeln entferne. In diesem Punkt gebe ich Martin Buber bis heute Recht.

So sehr ich die jüdische Position auch verstehen kann und will, so darf man, wie Buber so treffend festhielt, eben auch die ‚Anderen‘ nicht vergessen. Die Problematik, die mit dem jüdischen Staat seit jeher verbunden ist, kann nicht allein mit der totalen Entrechtung und Ermordung der Juden durch die Nazis begründet und gerechtfertigt werden. Denn damit haben die Palästinenser als Volk, das im heutigen Israel gelebt und gewohnt hat, nichts zu tun.

In meinem tiefsten Inneren aber tut es mir immer noch weh, dass es den aus Europa stammenden Juden nicht vergönnt war, in Ruhe und Frieden an der Heimatstätte zu leben, die ihnen zuerkannt wurde – ganz gleich aus welch guten und schlechten Gründen auch immer in der Balfour Deklaration von 1917 bestimmt worden war, dass Großbritannien die zionistischen Bestrebungen nach einem eigenen Staat der Juden in Palästina unterstützen würde.

Seit Jahren gibt es in Israel eine beunruhigende Entwicklung. Demokratische Werte und politisches Engagement werden gerade von einem Teil der jüngeren Israelis nicht mehr wertgeschätzt – sie haben das Vertrauen in den Staat verloren. Der Religion hingegen kommt demgegenüber eine immer größere Bedeutung zu. Diese Entwicklung wurde im vorigen Kapitel bereits angesprochen – auch im israelischen Militär wird der orthodoxe Einfluss immer stärker spürbar. Besonders gilt diese Beobachtung aber in den jüdischen Siedlungen auf palästinensischem Gebiet. Der israelische Historiker und Publizist Moshe Zimmermann hat ein paar schlimme Entgleisungen der Siedler aufgezeichnet, die zeigen, dass nur nach außen hin die formalen demokratischen Strukturen noch aufrecht erhalten werden, während die Handlungen dafür sprechen, dass diese Menschen ein selbstbewusstes Unrechtsregime gegenüber ihren Nachbarn gerechtfertigt finden.[3] Die Siedler – so schreibt er – stehen über dem Gesetz. „Sie dürfen ihre palästinensischen Nachbarn quälen und terrorisieren." In Hebron sind die Hauptstraßen der Stadt seit Jahren durch den Einsatz von über 1200 israelischen Soldaten gesperrt, die angeblichen Übergriffen auf die etwa 500 dort lebenden israelischen Siedler vorbeugen sollen. Die Menschenrechtsorganisation Shovrim Shtika (Schweigebrecher) zeigte jedoch in einer Fotoausstellung, wie sich die Lage tatsächlich gestaltet: „Gezeigt wurden Fotos von Palästinensern in Hebron, die im eigenen Haus hinter und unter Gittern leben, um sich vor Angriffen der Siedler zu schützen". Moshe Zimmermann sagt dazu: „Die Polizei, das Militär, selbst das Establishment haben Angst vor der herrschenden Gewaltbereitschaft der Siedler." Dies gilt besonders für eine neue Gruppierung innerhalb der Siedlungsbewegung, die sogenannte „Hügel-Jugend". Die Mitglieder dieser Gruppe sind weder durch das Militär noch durch die Siedlungsbewegung zu kontrollieren. Die „Hügel-Jugend" agiert vor allem im „wilden Osten". Nach internationalen Friedensplänen sollen die Siedler aus diesem Gebiet abgezogen werden. Die Mehrheit der noch immer demokratisch gesinnten Siedler würde sich einem Abzugsbefehl der Regierung beugen – dies gilt aber nicht für die „Hügel-Jugend". Ihre Mitglieder entstammen der dritten oder vierten Siedlergeneration, und sie sind nicht bereit, das Land aufzugeben. Für diese Jugendlichen, so Zimmermann, sei „Erez Israel", das „Land", der heiligste Wert, das Land der Juden im buchstäblichen Sinne – Araber sind für sie nicht einmal als „Gerim" (im Lande wohnende Nichtjuden) zu dulden. „Hügel-Jugend" heißen sie, weil sie sich auf illegale Außen- und Vorposten zurückgezogen haben, meist besetzen sie Hügel im Umland der Siedlungen. Diese Bewegung ist Zeichen und Ergebnis der zunehmenden Bedeutung der national-religiösen oder national-fundamentalistischen Israelis. Aussagen wie etwa die des früheren Oberrabbiners der sephardischen Gemeinschaft Mordechai Eliahu – der immerhin höchsten geistlichen Instanz der national-religiösen Israelis – passen ins Bild: „Bäume, die in Erez Israel wachsen, gehören wie die Ernteerträge den Juden – was sollte die Jugendlichen abhalten, die Olivenernte der Palästinenser zu rauben?"[4] Damit kommentiert und rechtfertigt er die Handlungen der „Hügel-Jugend", durch die überall Olivenbäume zerstört wurden; mehrere tausend Bäume wurden bereits durch solche Barbarei gekappt. Die Straftaten im „wilden Osten" zu verfolgen, scheint jedoch völlig unrealistisch zu sein. 2002 riefen die Bewohner des palästinensischen Dorfes Turmus Yia die Polizei und das Militär um Hilfe, um Schutz bei ihrer Olivenernte zu erbitten. Sie bekamen keinen Schutz, dafür aber kamen die Siedler, die nicht nur die Palästinenser attackierten, sondern auch deren Häuser in Brand steckten.

Dass der Staat nicht annähernd mehr der Staat Israel ist, den die Generation der Kibbutzarbeiter und Pioniere einst aufgebaut hatte, wird auch aus weiteren Tatsachen ersichtlich. So verneinte beispielsweise der oberste Militäroberrabbiner Ronetzky die Frage, ob Juden am Sabbat medizinische Hilfe für verwundete Araber erlaubt sei. Da gehe es um einen Verstoß gegen die Bestimmungen des Sabbat. Hingegen sei das Behandeln von verwundeten oder getöteten Militärhunden nach Militärrabbiner Eyal Karim kein Verstoß gegen die Sabbat-Gebote. „Ihre Integration in Einheiten, die am Kampf in Judäa und Samaria teilnehmen, ermöglicht eine bessere Bekämpfung des Feindes."

Der von mir sehr verehrte Philosoph und Ethik-Professor Ernst Tugendhat hat in seiner Rede am 13. Juni 2010 bei der Eröffnung der Nakba-Ausstellung in Tübingen auf ein gewichtiges Problem aufmerksam gemacht: Nämlich jenes Problem der Empathie, die dem Staat Israel vonseiten der Deutschen seit dem Naziregime entgegengebracht wird. Es gäbe bei uns immer noch die verbreitete Meinung, dass eine Kritik an Israel oder überhaupt an Juden oder auch nur die Darstellung von Fakten, die für das israelische Selbstverständnis ungünstig sind, einem Deutschen nicht anstehe. Meine Meinung ist sehr eng mit der Tugendhats verknüpft. Wie er, so finde auch ich, dass diese Haltung in den ersten Nachkriegsjahren noch verständlich war – mittlerweile aber ist sie es nicht mehr. Heute ist es wichtig, Kritik zu üben. Kritik, wie sie auch der berühmte Professor in seiner Rede äußert, in der Hoffnung, dass ein friedliches Zusammenleben im Nahen Osten wieder möglich sein könnte:

„Sollte es je zu einem Frieden zwischen den Palästinensern und Israel kommen, müssten nicht nur Israel und die in Palästina verbliebenen Palästinenser sich in ihrem Existenzrecht und in ihrem Sicherheitsbedürfnis wechselseitig anerkennen, auch die Flüchtlinge müssten in ihrem Rückkehrrecht anerkannt werden. Das setzt voraus, dass Israel für Ihre Flucht verantwortlich zu machen ist". Dies gilt auch für den Fall, wenn Palästinenser aus Angst selbst die Flucht ergriffen haben. Israel habe dadurch die Verantwortung für ihren Flüchtlingsstatus übernommen, indem es ihre Rückkehr für illegal erklärte und das zurückliegende Eigentum konfiszierte. Schon mehrmals habe ich darauf hingewiesen, dass nicht erst in der neueren Zeit Stimmen laut werden, die von den Israelis stärkere Bemühungen um ein friedvolles Miteinander mit den Palästinensern fordern. Immer wieder, wenn es um dieses Thema geht, verweise ich auf den großen Martin Buber.

Gewiss, Buber ist schon 1966 gestorben, aber sein Denken, seine Aktionen innerhalb der Ichud, seine Reden, Bücher, seine Philosophie des Ich und Du, des Dialogischen Prinzips und der „Pfade in Utopia" bieten alle zureichenden Elemente, um zu einer Lösung des Problems zu kommen. Es braucht auch nicht mehr als diesen Buber, der Verständnis mit einer klaren Vorstellung der menschenrechtlichen und gewaltlosen Lösung der Palästina-Frage verband. Buber hat es immer wieder für wichtig gehalten, von der Notwendigkeit der arabisch-jüdischen Zusammenarbeit zu sprechen und für sie zu werben. Buber ging es nie um das nationalistische, egoistische und monoethnische Siedlungswerk, sondern um die Verständigung.

Dabei hatte er immer auch Verständnis für die Juden, die in letzter Not zwischen 1933 und 1936 aus Deutschland kamen. Er begriff, dass diese Menschen nicht das Verständnis dafür hatten, dass sie ihre Lebensweise ändern müssten. Diese Flüchtlinge, die, um ihr Leben zu retten, in das Land gekommen waren, unterschieden sich stark von den praktischen Zionisten, die das landwirtschaftliche und genossenschaftliche oder, wenn man so will, das sozialistische Siedlungswerk und den organisch fortschreitenden Aufbau einer jüdischen Gemeinschaft in Palästina befürworteten. Die meisten der „Mittelstands"-Einwanderer aus Deutschland und dem Rest des bedrohten Europa wollten ihre Lebensweise nicht ändern. Sie suchten vielmehr einen Ort, an dem sie ihr altes Leben fortführen könnten – in Ruhe und frei von Verfolgung. Das Resultat dieser verständlichen Wünsche war jedoch eine gravierende und bedauernswerte Veränderung des ursprünglichen zionistischen Unternehmens.

Die Einwanderer-Massen verlangten vor allem eines: politische Absicherung. Deshalb erschien die Festschreibung einer konkreten Staatsform nicht mehr „als ein künftig zu erwartendes Ergebnis des Siedlungswerkes, sondern als Gebot der Stunde", wie Buber in einem Text von 1950 analysiert. Die meisten der Einwanderer waren durch ihre eigenen akuten Nöte kurzsichtig und engstirnig geworden. Sie wollten die Probleme der anderen nicht sehen. Dass es auch andere Möglichkeiten gegeben hätte, beweist das Beispiel Bubers bis heute – immerhin war er ja auch jemand, der aus Deutschland verjagt worden war. Sein Kreis im Ichud forderte jedoch nicht allein eine Absicherung der jüdischen Bedürfnisse, sondern alternativ einen binationalen Staat oder eine vorderasiatische Föderation, „in die der neue Staat als gleichberechtigtes Mitglied unter Garantierung der nationalen Anliegen eintreten sollte". Martin Buber sah ein gleichberechtigtes und friedvolles Zusammenleben von Arabern und Juden voraus, das zum Wohle aller gewesen wäre, von politischer Zusammenarbeit und einem gemeinsamen wirtschaftlichen Markt, der der ganzen Region zugutegekommen wäre.

Diese Visionen haben bis heute nichts von ihrem Reiz verloren. Eine politische Föderation, in der die Staaten und Interessengruppen ihre Anliegen gleichberechtigt vortragen könnten, und ein gemeinsamer wirtschaftlicher Markt, der zum Wohlstand aller führen könnte, könnten auch für die Zukunft das Erfolgreichste sein, was sich die Menschheit im 21. Jahrhundert vornehmen sollte.

Doch dafür wäre ein breites Umdenken notwendige Voraussetzung, und nicht zuletzt ein Umdenken Israels.

Ich habe – so muss ich aus der Situation von 2010 hinzufügen – kein Verständnis für eine Gesellschaft, die sich einen Außenminister Avigdor Lieberman leistet. Von einigen Friedensaktivisten ist dieser Mann als Faschist bezeichnet worden. Ich selbst bin mit dieser Bezeichnung immer sehr zurückhaltend umgegangen und habe mich lieber nicht dieser Kategorie oder dieses Labels bedient. Aber in diesem Fall fühle ich mich fast versucht sie anzuwenden. Liebermann möchte die Palästinenser aus Israel verjagen. Dies will er nicht zuletzt dadurch erreichen, dass er ihnen keine humanitären Hilfen zukommen lassen will, die ihnen ihr Leid erleichtern könnten. Angesichts der internationalen Versorgungsversuche zu Beginn des Jahres 2010 hat er gewarnt: Wenn der Libanon und der Iran Hilfsschiffe nach Gaza schicken, sei das „eine feindliche Aktivität eines feindlichen Staates und nicht mehr eine Provokation wie bei der anderen Flotte". Mit

„anderer Flotte" meint er die neun internationalen Schiffe, die Ende Mai 2010 mit Hilfsgütern für den Gazastreifen aufgebrochen waren und von Israel in jeder nur denkbaren Weise behindert worden sind. Und nicht nur behindert, sondern auch regelrecht angegriffen: Eine Eliteeinheit der israelischen Armee ließ sich von Hubschraubern aus auf das Hauptschiff der Free-Gaza-Flottille herunter und kaperte die „Mavi Marmara". Dabei kam es zu tumultartigen Szenen und Kämpfen zwischen Soldaten und Aktivisten, in denen mehrere Menschen an Bord des Schiffes getötet wurden. Die israelische Regierung sah sich jedoch im Recht – vor allem, weil israelische Soldaten verletzt wurden. Dass es nie soweit hätte kommen müssen, wenn Israel die Schiffe hätte passieren lassen, wurde von der Regierung ebenso wenig berücksichtigt wie die vielen Verletzten und die Toten, die auf der „anderen Seite" zu beklagen waren. Israel und auch die israelische Gesellschaft müssen endlich den Schleier vor ihrem Bewußtsein und Gewissen wegreißen und der Realität entgegensehen. Es gibt keine friedliche Zukunft, wenn man alle Nachbarn militärisch unter Kuratel halten will. Wenn man erklärt, man habe den Gazastreifen aus der Besatzung befreit, dann muss man das auch den Menschen dort beweisen. Solange sich im Gazastreifen niemand frei bewegen darf, die Menschen keine Hilfe bekommen und nicht einmal Schiffe dort anlegen können, ist das nach wie vor ein von Israel besetztes Gebiet.

Verbrüderung ist möglich
Israel – auch ein friedensbewegtes Land

„Es war eine große Gruppe palästinensischer
Studenten im Publikum. Es beeindruckte mich,
wie nachdenklich sie reagierten, als ich ihnen sagte:
‚Ihr müsst euch an den Gedanken gewöhnen,
dass niemand euch helfen wird. Kein einziges Araberregime
ist euch in Beirut zu Hilfe gekommen. Die Russen haben
keinen Finger gerührt. Die Syrer sind darauf aus,
euch jede Unabhängigkeit zu nehmen. Die Amerikaner
sind gegen euch. Am Ende werdet ihr feststellen,
dass ihr nur einen einzigen echten Verbündeten habt.
Die israelischen Friedenskräfte. Wenn wir Frieden
geschaffen haben, wird Israel der einzige wirkliche
Verbündete Palästinas und Palästina der einzige
wirkliche Verbündete Israels sein‘".   *Uri Avnery* 1988[1]

„Eine Million geschriebener Wörter ersetzen nicht eine
Minute des persönlichen Gesprächs, bei dem man seinem
Gegenüber in die Augen sieht, sein Mienenspiel beobachtet, seine Blicke, seine Körpersprache, während er unbewusst dasselbe tut." Für den israelischen Friedensaktivisten
Uri Avnery gibt es keine Alternative zum Dialog. Das ist
sein Grundsatz, sein Glaubenssatz. Es kann keinen Frieden
geben ohne Verständigung, und deshalb ist es für Avnery
auch selbsverständlich, dass man sich mit eben den Menschen treffen muss, die gemeinhin als Feinde angesehen
werden, wie beispielsweise dem Präsidenten der Palästinenser, Jassir Arafat. In seinem Buch „Mein Freund – der
Feind" (Bonn 1988) berichtet Avnery über eben dieses

Treffen, das während der unglaublich dramatischen Tage des Israel-Feldzuges gegen den Libanon stattfand.

Beirut war damals bereits eingekesselt. Ziel des israelischen Angriffs war es, die Palästinensische Befreiungsorganisation PLO zu vernichten und deren Vorsitzenden Jassir Arafat gefangen zu nehmen oder zu töten. Beide Ziele wurden damals nicht erreicht. Dass Arafat trotz der intensiven Bemühungen der israelischen Kräfte, ihn zu finden, überlebte und an der Macht blieb, mehrte seinen Ruhm stattdessen sogar noch und stärkte die Position der PLO und der Fatah, deren Anführer Arafat war.

Avnery hatte damals schon gute Kontakte, ansonsten wäre dieses Treffen vielleicht niemals zustande gekommen. Ein besonders wichtiger Kontakt war der zu Issam Sartawi, einem hochrangigen Mitglied der PLO und Ratgeber Arafats. Sartawi war einer der besten Diplomaten und Freiheitskämpfer der Palästinenser und ein großartiger Politiker. Es ist schwer zu sagen, wie viel er noch für die Sache der Palästinenser hätte erreichen können, wäre er nicht von einem der palästinensischen Gegner eines möglichen Friedens mit Israel ermordet worden.

Vor seinem Treffen mit Arafat versicherte sich Avnery zunächst der Unterstützung eines deutschen Kameramanns, der schon lange in Beirut arbeitete und sich vor Ort genau auskannte. Als Journalist wurde dieser Mann sowohl von der libanesischen Regierung als auch von den Phalangisten (der Partei und Miliz der christlichen Libanesen) anerkannt. Neben ihm begleiteten Uri Avnery auch zwei junge israelische Frauen, deren Aufgabe es sein sollte, das Treffen zu dokumentieren.

Ein Avnery bekannter PLO-Vertreter brachte sie schließlich zu dem Haus, in dem sie Arafat treffen sollten.

Während des Krieges musste dieser seinen Aufenthalt andauernd wechseln.

Der Wagen hielt vor einem eleganten Gebäude mit Supermarkt im Parterre. Umringt von Leibwächtern hastete die Gruppe die Treppe hoch und kam schließlich in die gesuchte Wohnung. Es war die Wohnung Imad Shakurs, der einmal zu Avnerys Mitarbeitern in Tel Aviv gehört hatte, bis er eines Tages plötzlich verschwunden war. Hier im Stab Jassir Arafats trafen sie sich zum ersten Mal wieder. Der Vorsitzende selbst war jedoch noch nicht anwesend, man sollte auf ihn warten. Shakur hatte seiner Frau gesagt, man erwarte Israelis, persönliche Gäste Jassir Arafats, die sie als Gastgeberin bewirten sollte. Für die palästinensische Frau war es eine furchtbare Vorstellung, jüdische Gäste zu sich an den Tisch zu bitten. Erst nach langen Diskussionen war sie bereit, diese Aufgabe zu übernehmen. Avnery berichtet, dass die Frau sich sehr bemüht und den Gästen gegenüber sehr höflich benommen habe, bis zu dem Moment, in dem sie sie fragten, woher sie gebürtig stamme. Sie antwortete, sie sei in Jerusalem geboren. „Ich auch", rief eine Begleiterin von Avnery freudig dazu. „Das war zuviel für Imads Frau. Die Vorstellung, dass auch Juden in Jerusalem geboren waren, konnte sie nicht ertragen. Sie lief in die Küche, und es bedurfte längerer Diskussionen, sie wieder herauszubringen."

Bei seinem Gespräch mit dem Vorsitzenden der Fatah und der PLO Jassir Arafat begriff Uri Avnery, warum dieser eine so herausragende Rolle für die Palästinenser einnahm. Er lernte, dass Arafat über eine charismatische Persönlichkeit verfügte, die ihn zu einem geborenen politischen Führer machte. „Jedermann behandelte ihn mit äußerstem Respekt. Er denkt schnell, erfasst die Situation sofort. Er ist hochintelligent, aber nicht intellektuell. Was er ausstrahlt, zuerst und zumeist, ist das Pathos des palästinensischen Lebensgefühls. Man spürt, dass er in gewisser Weise die Tragödie des palästinensischen Volkes verkörpert, ja, dass er die Stimme des Volkes Palästina ist.«[2]

Dieser Eindruck verstärkte sich für die Palästinenser noch dadurch, dass ihr Anführer sie nicht verlassen hatte, um sich selbst in Sicherheit zu bringen. Trotz des Krieges, trotzdem er von den israelischen Kräften gesucht wurde, war Arafat in Beirut geblieben. Und dabei war der Krieg für keinen Palästinenser im Libanon sehr überraschend gekommen. Die israelische Armee braucht nicht weniger als sechs volle Tage, um bis an den Stadtrand von Beirut vorzudringen. Es wäre also genug Zeit für die Führungsriege der PLO geblieben, um sich in Sicherheit zu bringen. Arafat hätte sich nach Tripoli in Libyen, nach Damaskus oder an einen anderen Ort in der arabischen Welt absetzen können. Doch er blieb in der belagerten Stadt und teilte neunundsiebzig Tage und Nächte lang die Lebensentbehrungen mit seinen Kämpfern.

Uri Avnery versucht die positiven und negativen Seiten der Einstellungen und Überzeugungen sowohl Israels als auch der Palästinenser zu sehen. Er ist ein gerechter Beobachter und Kämpfer für die Sache des Friedens. Nach seinem Treffen mit Arafat veröffentlichte er Fotos in Israel, die den Palästinenserchef als Mensch zeigten, posierend mit Kindern im Arm. Das rief in Israel große Entrüstung und massiven Protest hervor. Für die meisten Israelis war Arafat nichts anderes als ein Terrorist und Chef einer Terrororganisation, und sie konnten nicht akzeptieren, dass man ihn auf solchen Bildern verharmlose.

Genauso unverständlich waren für viele Palästinenser die Fotos von Menachem Begin, auf denen auch dieser mit kleinen Kindern abgelichtet war. Für sie war er nur der Mann, der den Angriff der Kampfflugzeuge auf libanesische Flüchtlingslager befohlen hatte. „Niemand sieht in seinem Feind gern den Menschen" – diese Erkenntnis Uri Avnerys wird vermutlich niemals ihre Gültigkeit verlieren.

Uri Avnery ist eine der wichtigsten Figuren der israelischen Friedensbewegung und ein menschliches Vorbild für alle Israelis. In jungen Jahren musste er mit seiner Familie vor den Nationalsozialisten fliehen und kam nach Palästina. Für einige Jahre gehörte er sogar der militanten zionistischen Untergrundorganisation Irgun an, doch er verließ die Gruppierung aus Protest gegen ihre antipalästinensischen Terrormethoden. Bis heute setzt Avnery sich immer wieder für die Paläsinenser ein und fordert einen Staat Israel, in dem Juden und Palästinenser gleiche Rechte als Staatsbürger haben. Dafür hat er schon mehrfach sein eigenes Leben riskiert, und auch nach dem Gespräch mit Arafat im Jahr 1982 konnte er sich nicht sicher sein, welche Folgen dieser Besuch im Libanon für ihn haben würde. Es gibt in Israel einen Paragraphen, der den „Kontakt mit dem Feind" unter ähnliche schwere Strafe stellt wie Spionage. Nach seiner Rückkehr nach Israel musste Avnery also damit rechnen, verhaftet und angeklagt zu werden.

So war es einem anderen wichtigen Vertreter der israelischen Friedensbewegung ergangen: Jeff Halper, Mitbegründer des „Israelischen Kommitees gegen Häuserzerstörungen" (ICAHD) und Hauporganisator der Initiative „Free Gaza", wurde 2009 festgenommen. „Free Gaza" ist eine internationale Organisation, in der verschiedene

Hilfsorganisationen und Friedensaktivisten zusammenarbeiten, um Solidarität mit dem palästinensischen Volk zu demonstrieren und die israelische Blockade des Gazastreifens zu durchbrechen oder zumindest immer wieder auf sie aufmerksam zu machen. 2009 wollte Jeff Halper einen ersten Versuch zur Durchbrechung der Blockade mit einem Schiff unternehmen. Als er versuchte, auf dem Landweg wieder von Gaza nach Israel einzureisen, wurde er noch am Checkpoint Erez Israel aufgehalten und inhaftiert. Seine Haft dauerte jedoch nur wenige Tage.

Es sind Menschen wie Halper, Avnery und viele andere, die viel riskieren und der Welt das andere Israel zeigen, das friedvolle Israel. Ihre Arbeit ist unglaublich wichtig.

Die Geschichte der Friedensbewegung in Israel ist lang und turbulent. Ihre wichtigsten Jahre waren wohl 1977 und auch 1995, denn in beiden Jahren war die Bewegung in Israel so hochgekommen, dass man mit ihr als einer politischen Kraft rechnen musste.

Aber der Grundkonflikt war schon völlig eingefahren: Auf der einen Seite stand und steht Israel. Ein Großteil der israelischen Bevölkerung war 1977, häufig auch heute noch, davon überzeugt, dass sie nach dem unendlich langen jüdischen Leiden, insbesondere nach dem Nationalsozialismus, das Recht hätten, sich mit allen Mitteln in dem ihnen zustehenden Land zu verteidigen. Dafür würden diese Israelis auch die Verletzung von internationalem Recht, von internationalen Regeln, von Menschen- und Völkerrechten in Kauf nehmen.

Auf der anderen Seite hatten die Palästinenser ein ähnliches Opferbewusstsein: Sie waren aus ihrem eigenen Land vertrieben worden. Lange Zeit waren sie politisch nicht fähig gewesen, auf den Kompromiss einzugehen, den die UNO 1947 mit dem Plan eines geteilten Palästinas anbot. Immer wieder hatten andere arabische Staaten den Palästinensern ihre Hilfe zugesagt, sodass deren Hoffnungen auf die Zurückgewinnung des Landes am Leben erhalten wurden. Bis heute haben sie aber nur wenig Unterstützung erhalten. In den meisten Ländern der Region haben undemokratische und häufig diktatorische Regime genug zu tun, selbst an der Macht zu bleiben. Die vergleichsweise große demokratische Erfahrung der Palästinenser stellte zudem für diese Regime eher eine Bedrohung und eine Gefahr dar.

Auch wenn die Lage derartig kompliziert war, hatte die Friedensbewegung 1977 doch einigen Rückhalt und konnte laut auf die Missstände hinweisen. So klagte beispielsweise Uri Avnery in einem offenen Brief den Palästinenserführer Jassir Arafat an, weil dieser nicht auf die Äußerungen seines politischen Stellvertreters Faruk al Qadumi reagiert habe. Der Brief wurde in mehreren großen internationalen Tageszeitungen abgedruckt und sorgte für einiges Aufsehen, denn Avnery warf Arafat darin vor, mit seinem Versäumnis habe er sich auf die Seite der konservativen, expansionistischen Israelis gestellt. Avnery wusste, was er damals schrieb: Faruk al Qadumi hatte erklärt, die Schaffung eines souveränen Palästinenserstaates würde nicht das Ende des Konflikts, sondern nur ein „Übergangsstadium" sein. Wie musste das auf die Bevölkerung Israels und die Weltbevölkerung wirken? Doch nur so, dass man der noch einmal versicherten Meinung sein konnte, dass ein solcher Staat Palästina auf die Zerstörung Israels hinarbeiten würde. Die Folge dieser Äußerungen war, dass in den israelischen Wahlen von 1977

Menachem Begin erster Likud-Ministerpräsident wurde, also der erste Ministerpräsident der politischen Rechten. Er war mit einer sehr kleinen Mehrheit an die Macht gekommen und es kann vermutet werden, dass dieser Mann nie die politische Führung Israels übernommen hätte, hätte die PLO im Vorfeld der Wahl nicht durch ihre Fehler mit dazu beigetragen, das israelische Volk in Angst zu versetzen.

Doch Begins Regierungszeit begann, obwohl viele es vielleicht nicht erwartet hätten, mit einem Erfolg für die Friedensbewegung. Auf Vermittlung des amerikanischen Präsidenten Jimmy Carter kam es zu einer Annäherung zwischen Ägypten und Israel. Vom 19. bis zum 21. November 1977 kam es so schließlich auch zu dem historischen Besuch des ägyptischen Präsidenten Muhammad Anwar as-Sadat in Tel Aviv. Was für die Israelis eine große Chance bedeutete, begann für die Palästinenser mit einem Affront. Dabei hätte Sadat die Mentalität der Araber, insbesondere die seiner arabisch-palästinensischen Brüder, besser kennen sollen: In einer Sitzung des Parlaments in Kairo verkündete er in einer berühmt gewordenen Rede seinen bevorstehenden Besuch in Israel. Bei dieser Sitzung anwesend war jedoch auch der Vorsitzende der PLO Jassir Arafat, den man sogar als Ehrengast eingeladen hatte. Arafat hatte in den Tagen vor dieser Sitzung in einem Konfliktfall zwischen Ägypten und Libyen vermittelt, wofür er an diesem Tag vor dem Parlament geehrt worden war. Dieser Fauxpas blieb nicht der einzige Fehler Sadats. Trotz der Dienste, die Arafat ihm erwiesen hatte, trat der ägyptische Präsident vor der Knesset nicht mit einem Wort für die Sache der Palästinenser ein. Er vertrat in erster Linie die Interessen seines Landes, das die von

Israel annektierte Sinai-Halbinsel zurückhaben wollte und dann auch zurückbekam.

Aus diesem ersten Besuch entstanden im darauffolgenden Jahr Friedensverhandlungen, die im amerikanischen Camp David geführt wurden und 1979 schließlich zu einem ersten Friedensabkommen zwischen Israel und Ägypten führten. Damals bewahrheitete sich, was Uri Avnery immer wieder erfahren und dokumentiert hatte und was auch ich selbst immer wieder erlebt habe: „Es gibt keine wirkliche Feindschaft zwischen Arabern und Israelis. Wenn das Eis einmal gebrochen ist, verbrüdern sie sich leicht und vollen Herzens." Es sind Überzeugungen wie diese, die den Aktivisten der israelischen Friedensbewegung immer wieder neuen Mut und Durchhaltevermögen geben.

Das zweite Mal, dass die Friedensbewegung große Hoffnung schöpfen konnte, war zu Beginn der 90er Jahre. Im Juni 1992 hatte in Israel die Arbeitspartei (haAwoda) die Regierungswahlen gewonnen, neuer Premierminister Israels wurde deren Vorsitzender Yitzhak Rabin. Die Palästinenser und israelische Friedensbewegung hätten allen Grund gehabt, dem ehemaligen Mitglied der Hagana und Generalstabschef der israelischen Armee nicht zu vertrauen. Aber mit derselben militärischen Disziplin begann Rabin bald Zeichen der Entspannung und Versöhnung zu setzen, und er wird heute noch zu Recht als der Mann gepriesen, der die Situation im Nahen Osten nachhaltig hätte verändern können.

Im September 1993 wurde in Anwesenheit Rabins, Arafats und Bill Clintons die sogenannte „Prinzipienerklärung" über die vorübergehende Selbstverwaltung" durch Mahmud Abbas Shimon Peres und andere hochrangige Politiker unterzeichnet. Dieses Abkommen wurde unter dem Namen Oslo I bekannt und war das Ergebnis des sogenannten Oslo-Friedensprozesses. Es löste sicher noch nicht alle Probleme im Nahen Osten, aber sowohl die Palästinenser als auch Israel erkannten sich erstmals offiziell gegenseitig an. Umstrittene Themen wie beispielsweise der Status Jerusalems, die Siedlungen im Westjordanland oder die dringende Frage nach der Zukunft der palästinensischen Flüchtlinge wurden in dem Abkommen nicht behandelt, aber immerhin traf man darin die allgemeine Vereinbarung, dass die Verantwortung im Gazastreifen und im Westjordanland auf die Palästinenser zu übertragen sei und ihnen eine autonome Regelung ihrer Angelegenheiten gewährt werden sollte. Etwa zwei Jahre später, am 24. September 1995, folgte diesem Abkommen ein weiteres, das den Namen Oslo II bekam, auch wenn Yitzahak Rabin und Jassir Arafat es in der ägyptischen Stadt Taba unterzeichneten. Auch dieses Interimsabkommen war noch nicht wagemutig, aber es markierte doch immerhin einen weiteren Meilenstein des Friedensprozesses. Auch wenn beide Seiten keine riesigen Schritte wagten; die Völker bewegten sich. In dem Abkommen wurde zwar festgelegt, dass Israel weiterhin die Kontrolle über ca. 73 Prozent des Westjordanlands behalten sollte, über ein knappes Drittel des Territoriums sollten Israel und die Palästinenser sich die Verwaltung jedoch teilen. Den Palästinensern wurden nur etwa 3 Prozent des Gebietes als autonomes Regierungsgebiet zugesprochen, in denen allerdings rund 80 Prozent der palästinischen Bevölkerung des Westjordanlands lebten. In den Seelen der Palästinenser bewegte sich mächtig viel.

Tausende kamen zurück, setzten auf die Hoffnung, investierten. Auf der Westbank und im Gazastreifen begann ein Bauboom, den niemand für möglich gehalten hatte.

Das alles wurde mit einem Schuss aus der Pistole eines verhetzten jüdischen Fanatikers und Terroristen beendet, der am 4. November 1995 Yitzhak Rabin bei einer der großen Friedensdemonstrationen erschoss. Das Motto der Demonstration war „Ja zum Frieden, Nein zur Gewalt" gewesen. Welch bittere Ironie.

Attentate wie dieses waren mehr als ein strafbares Verbrechen. Zusätzlich aber waren sie auch ein unglaublicher politischer Fehler. Die Zeit der Attentate und palästinensischen Selbstmordattentate hat auf Israels Seite dazu beigetragen, dass Ariel Scharon zum Ministerpräsidenten wurde, und brachte auch eine immer größere Zerstörung des Staates der Palästinenser. Diese Zerstörung begann mit den neuen Siedlungen, wurde fortgesetzt und hat bis heute nicht aufgehört. Die Attentate haben nicht nur Menschenleben gekostet, sondern sie haben den gesamten Prozess gestoppt und die Friedensbewegung in Israel ins politische Abseits gedrängt.

Israel ist in diesem Streit der Stärkere der beiden Kontrahenten. Deshalb muss ein Einlenken und Umdenken von Israel ausgehen. Israel muss sich sagen lassen, dass die Verzweiflung bei jungen palästinensischen Leuten, denen jegliche Menschenrechte abgesprochen werden und die die totale Ausweglosigkeit ihres eigenen Lebens erleben, besonders empfänglich dafür werden, eben dieses Leben zu opfern. 1977 überfielen PLO-Terroristen einen voll besetzten Bus, der nach Tel Aviv unterwegs war. Es war eine der Greueltaten, die sich tief in die israelische Seele eingruben. Der PLO-Mann Issam Sartawi war sich damals klar darüber, dass diese Tat politisch ein Wahnsinn war. Aber er konnte die Anschläge nicht moralisch verurteilen, wie er seinem israelischen Freund Uri Avnery erklärte: „Hier gehen ein paar Burschen, schlecht ausgebildet, ins Feindesland. Sie können doch nicht die Taten jener verängstigter Kinder wie dieser mit den kühl geplanten Bomben und Luftangriffen auf unsere Frauen und Kinder in den libanesischen Flüchtlingslagern vergleichen, die von Generalstabsoffizieren befohlen und ausgeführt werden."

Das Land Israel hat auch heute noch die besten Friedensaktivisten, die man sich vorstellen kann, die aktivsten und radikalsten. Uri Avnery und Jeff Halper sind nur zwei Beispiele dafür. Ein weiteres Beispiel der gelebten Humanität sind die Frauen der Organisation „Machsom Watch" (im Englischen „Checkpoint Watch").

Diese Frauen leisten etwas, das man sich frustrierender nicht vorstellen kann. Sie können nichts am grundlegenden System der Apartheid ändern, das sich in den besetzten Gebieten und damit auch in der Bevölkerung Israels einschleicht. Aber sie machen darauf aufmerksam, dass Menschen ungleich behandelt werden. „Machsom Watch" wurde von einigen ganz mutigen Frauen gegründet, unter anderen auch von Yehudit Kirstien Keshet. Es sind junge und ältere Frauen, die sich einfach morgens ganz früh den Wecker stellen und dann zu einem Checkpoint fahren, um dort mit einem Notebook alles das protokollieren, was sie sehen. Und da sie es als jüdische Bürger notieren, sind diese Notizen manchmal sehr viel wert. Die Frauen wollen darauf aufmerksam machen, dass es Menschen wie sie braucht, die darauf achten, dass den Palästinensern an den Kontrollstellen keine Menschenrechtsverletzungen widerfahren. In schwierigen Fällen bieten sie auch ihre Hilfe an und vermitteln zwischen israelischen Soldaten und palästinensischen Zivilisten. Aber bei ihrer Aufgabe geht es natürlich auch um eine stellvertretende Demonstration an diesen Kontrollstellen. Es gibt in Israel aber nicht nur die Organisationen, die sich für den Frieden und die Menschenrechte einsetzen. Es hat in Israel auch immer ausgezeichnete Journalisten gegeben, die bereit waren, die Stimme der gedemütigten Palästinenser zu vertreten. Eine der bedeutendsten unter ihnen ist die Journalistin und Autorin Amira Hass. Auch sie zählt zu den Menschen, die die Politik Israels als eine Politik der Apartheid bezeichnen. Immer wieder hat sie darauf hingewiesen, dass in Israel hauptsächlich Juden Privilegien genießen, während die Palästinenser in Untergruppen unterteilt seien und diskriminiert würden. Amira Hass hat immer darauf bestanden, dass sie nur über Menschen schreiben könne, unter denen sie auch gelebt und gearbeitet habe. Für eines ihrer besten Bücher hat sie mehrere Monate im Gazastreifen gelebt und von dort berichtet.[3] Sie hat die Klagen und die unterdrückten Tränen der Palästinenser immer wieder erlebt. Wer, wenn nicht sie, könnte den Schrei dieser Menschen nach einem „offenen Horizont jenseits des Eretz Checkpoints" verstehen? Sie berichtet in ihrem Buch von jungen Menschen, die alle Impulse, ja sogar ihre Sehnsüchte verloren haben. Und auch sie selbst musste Unfreiheit erleben. Als sie aus dem Gazastreifen am 12. Mai 2009 nach Israel zurückkehren wollte, wurde sie, wie Jeff Halper, inhaftiert. Grund dafür war ein Gesetz, das einem Staatsbürger Israels das Wohnen in Feindesland verbietet.

Die Friedensbewegung bewahrt und beschützt in Israel die jüdische Seele, um dieses Wort meines Freundes, des christlichen Palästinensers Daoud Nassar, wieder aufzugreifen. Auch er darf natürlich nicht mehr nach Israel einreisen. Die jungen Israelis, auch junge alternative Rabbis aus den USA oder alternative jüdische Gruppen, die ins Westjordanland gekommen sind, um die von der Hügel-Jugend zerstörten Olivenbäume wieder nachzupflanzen, sind auch davon überzeugt: Die jüdische Gemeinschaft in Israel muss ihre Seele zurückgewinnen. Die Politik der Apartheid hat so viel an außergewöhnlicher Ungerechtigkeit und Diskriminierung verschuldet, dass es viel Zeit brauchen wird, die dadurch entstandenen Wunden zu heilen.

Die Friedensbewegung ist keine große politische Kraft mehr. Sie ist immer kleiner geworden. Es gab eine Zeit, in der sie geradezu die dritte große politische Kraft war, mit der die Partner Israels und die israelische Politik rechnen mussten. Der wichtigste und klügste Politiker und Berater, den Jassir Arafat je an seiner Seite gehabt hatte, war Issam Sartawi. Dieser analysierte in einem Interview am 13. Dezember 1980 mit dem offiziellen Fatah Organ „Falastin al-Thawra" (Palästina Revolution) die verschiedenen Kräfte innerhalb der zionistischen Bewegung:

„Es gibt innerhalb der zionistischen Bewegung derzeit drei Strömungen: 1. den Likud Block, der die Rechte des palästinensischen Volkes leugnet und alle besetzten Gebiete annektieren möchte; 2. den an der Arbeiterpartei orientierten Block, der bereit ist, einen Teil der Gebiete zurückzugeben, sich aber weigert, das Recht der Palästinenser auf Selbstbestimmung anzuerkennen, und der einen beträchtlichen Teil der Gebiete annektieren möchte;

3. das Friedenslager, das die Rechte der Palästinenser anerkennt und bereit ist, die Existenz eines Palästinenserstaates an der Seite Israels zu akzeptieren."

Diese dritte Kraft ist es, der in der Zukunft von unseren Regierungen in Europa alle Unterstützung zukommen sollte. Denn nur mit dieser Kraft kann es möglich werden, nach so vielen Jahren und Jahrzehnten des Leids Frieden in den Nahen Osten zu bringen, einen Frieden, der auch die israelische Seele wieder heilen lässt.

Gefährlicher Triumphalismus
Die Jahre 1948 und 1967

„Diese Postkarte ist die letzte,
die ich als Europäer schreibe;
in wenigen Stunden werde ich Asiat sein.
Ich trauere diesem netten, kultivierten
Etikett ‚Europäer' nicht nach. Gott gebe,
dass alles gut wird und wir uns bald auf dem
Berg Zion in Jerusalem von Angesicht
zu Angesicht wiedersehen".

> *Der litauische Jude Jefim Gordin*
> *(alias Chaim Schalom Halewi)*
> *in seiner letzten Postkarte 1925*
> *vor dem Seeweg nach Palästina*
> *an seine Angehörigen*

Wenn wir uns heute mit dem Nahostkonflikt befassen, müssen zwei historische Tatsachen in ihrer absoluten Gegensätzlichkeit und Unlösbarkeit anerkannt und weiter polit-pädagogisch berücksichtigt werden: Einerseits der Holocaust, der die verfolgten und auch die gezeichneten überlebenden Juden aus Europa nach Palästina brachte. Und auf der anderen Seite die Vertreibung der Palästinenser, die ihr Land verlassen mussten, obwohl sie nicht die Verursacher des Holocaust waren.

Als Palästina 1948 geteilt wurde, um den Juden einen eigenen Staat zu schaffen, war dies mit dem „Zwangstransfer" („forcible transfer") der dort lebenden Araber verbunden. Die Entscheidung für einen solchen Transfer war aber schon früher gefallen:

Nach dem Großen Arabischen Aufstand wurde von den Briten, die damals noch die Mandatsherrschaft über Palästina ausübten, die sogenannte Peel-Kommission eingesetzt. Der Aufstand der Araber, angeführt von Hadsch Amin al-Husseini hatte sich gegen den immer stärker werdenden Einfluss des aufkommenden Zionismus gerichtet, an dem die Araber den Engländern, nicht ganz unverständlich, eine Mitschuld gaben. Schließlich hatten diese doch das zionistische Vorhaben in der Balfour-Deklaration von 1917 unterstützt. Das alles geschah im Jahr 1936, dem Jahr der Olympiade im nationalsozialistischen Berlin. Die Peel-Kommission betrieb die bis dahin gründlichste Ursachenforschung zum Konflikt in Palästina. Ihr Zweck bestand allerdings nicht etwa darin, etwas zu „untersuchen", sondern sie sollte vielmehr der britischen Regierung dabei helfen, sich der selbst geschaffenen kolonialen Bürde Palästinas zu entledigen und eine Lösung für die problematische Situation in dem kleinen Land zu finden.

Lord Peel, der Leiter der Kommission, hatte sich seine Meinung im Wesentlichen ganz offenbar schon vor den Untersuchungen gebildet, denn er schrieb an den Kolonialminister in London: „Die sozialen, moralischen und politischen Unterschiede zwischen der arabischen und der jüdischen Gemeinschaft sind bereits unüberbrückbar."

Auch wenn Lord Peel bereits seine Meinung gefasst haben mochte, vernahm die Kommission insgesamt 113 Zeugen, Juden sowie auch Araber aller Lager. Unter diesen Zeugen war auch Ben Gurion, der bei seiner Anhörung erklärte, dass die Bibel das „Mandat" des jüdischen Volkes sei. Er hütete sich jedoch davor, konkret von einem eigenen Staat zu sprechen; alles, wonach die Juden strebten, sei eine nationale Heimstätte.

Am Ende ihrer Untersuchungen schlug die Peel-Kommission, überzeugt davon, dass ein friedliches Miteinander von Juden und Arabern in Palästina nahezu unmöglich sei, erstmals die Teilung des Landes in einen jüdischen und einen arabischen Staat vor. Die Juden sollten Tel Aviv, die Küstenebene, die nördlichen Täler und einen Teil Galiläas, die Araber hingegen das Westufer des Jordan, die Bergregion und die Wüste im Süden erhalten. Neben der Teilung empfahl die Peel-Kommission auch die Umsiedlung Tausender arabischer Familien aus dem Gebiet des für die Juden vorgesehenen Staatsgebiets in den arabischen Teil Palästinas, in Anlehnung an den „Bevölkerungsaustausch", den es 1923 zwischen der Türkei und Griechenland gegeben hatte. Aber schon diese Bezeichnung des Vorgangs war eine euphemistische. Auch „Umsiedlung" ist ein verharmlosendes Wort der Diplomatie, das den tatsächlichen Vorgang der „Deportation" verdecken soll. Und die Idee, dass die Araber zugunsten der zionistischen Einwanderer ihr Land aufgeben hätten, war nicht neu. Selbst Theodor Herzl, der Begründer des modernen Zionismus, hatte so etwas Ähnliches schon mitgedacht. Im Juni 1895 schrieb er darüber, was mit den palästinensischen Arabern zu geschehen habe, in sein Tagebuch: „Die arme Bevölkerung trachten wir unbemerkt über die Grenze zu bringen, indem wir ihr in den Durchzugsländern Arbeit verschaffen, aber in unserem eigenen Land jederlei Arbeit verweigern".

Schon lange vor der eigentlichen Staatsgründung, als der Staat Israel kaum mehr war als ein Traum der Zionisten, erdachten diese sich leichtfertig den Transfer und die Umsiedlung jener Menschen, die sie kaum anders betrachteten als Hindernisse auf dem Weg der Realisierung ihrer Vorstellungen. Ein Beispiel dafür ist Menachim Ussischkin, ein russischer Zionist der ersten Stunde, der feststellte: „Ich bin bereit, den moralischen Aspekt (dieser Umsiedlung R.N.) vor Gott und dem Völkerbund zu verteidigen." Eigenartig, dass immer wieder ein (christlicher, jüdischer oder muslimischer) Gott zum Zeugen aufgerufen wird, wenn es darum geht, Untaten in unserer Menschheitsgeschichte zu verschleiern. Auch Ben Gurion sekundierte dem russischen Zionisten: „Ich sehe nichts Verwerfliches darin!" Und Wladimir Zeev Jabotinsky, ein weiterer jüdischer Zionist, äußerte sogar: „Die Welt hat sich an den Gedanken der Massenintegration gewöhnt, ja sie hat ihn sogar ins Herz geschlossen." Jabotinsky hatte keine Scheu, dem hinzuzufügen, dass „Hitler – so verhasst er uns ist – diese Idee weltweit salonfähig gemacht" habe.

Wenn es um Deportationen und Umsiedlungen geht, spielen immer wieder auch Bevölkerungspolitiker und Demografen eine besondere Rolle. Schon gegen Ende des Zweiten Weltkrieges stellte der Demograf Roberto Bachi in einem Bericht über die Geburtenrate der palästinensischen Araber fest, wenn die Juden innerhalb von fünf Jahren eine Bevölkerungsmehrheit erreichen wollten, müssten sie pro Jahr eine Million Einwanderer herbeischaffen. Ihre Mehrheit wäre aber auch dann nur von kurzer Dauer, „bis zum Jahr 2001 wäre der jüdische Bevölkerungsanteil auf 21 bis 33 Prozent gesunken". Ein solches Ergebnis trug natürlich dazu bei, dass die Juden sich von den überzähligen Arabern bedroht fühlten und alles dafür taten, von diesen strikt und vor allem räumlich getrennt zu leben. Aber es gab auch andere Gründe, weshalb den Gründervätern des Staates der Juden die Umsiedlung der Araber nahelag. Da war einmal die Vorstellung: einen jüdischen Staat als Enklave Europas innerhalb der nahöstlich-arabischen Kultur zu errichten. Aber es waren nicht nur diese Vorstellungen der Juden, die dazu führten, dass die Araber von den Juden getrennt werden sollten: Die Araber trugen durch ihre Terrorkampagnen ebenso dazu bei, dass ein Zusammenleben mit den Juden nicht möglich schien. Das gilt besonders für die unvorstellbaren Geschehnisse, die sich 1929 in Hebron ereigneten. Am 23. und 24. August dieses Jahres folterten und ermordeten Teile der arabischen Bevölkerung 67 jüdische Zivilisten. Das Massaker von Hebron, wie es seither genannt wird, führte zur vollständigen Vertreibung aller Juden aus der Stadt. Aber, so schrecklich dieses Massaker auch war, so ist es doch auch wieder exemplarisch dafür, dass der ganze Konfilkt nicht zuletzt auf einem ewigen Missverstehen und einer ewigen Misskommunikation zwischen Juden und Arabern beruht und dem beständigen Wunsch beider Seiten, sich für ihnen widerfahrenes Unrecht zu rächen. Kurz vor dem Massaker war es in Jerusalem zu einem von beiden Seiten gleichermaßen mitgetragenen Streit um die Klagemauer gekommen. Nach diesem Streit war in zahlreichen arabischen Städten und Dörfern das Gerücht umgegangen, dass in Jerusalem zionistische Juden über betende Muslime hergefallen seien und diese getötet hätten. Das Massaker von Hebron war demnach ein Racheakt für ein Verbrechen, dass es eigentlich gar nicht gegeben hat.

Aber auch in, nach und vor allem trotz dieser ganzen Zeit gab es eine jüdische Minderheit, die weiter einen gemeinsamen binationalen Staat anstrebte oder zumindest einen

Staat, in dem Juden und Araber oder Araber (die damals ja noch die Mehrheit waren) und Juden nachbarschaftlich, friedlich und produktiv miteinander leben sollten. 1925 wurde beispielsweise die Organisation „Brit Schalom" (Bekenntnis zum Frieden) von Gershom Scholem, Ernst Simon, Martin Buber und anderen gegründet. 1930 machte Brit Schalom eine ganze Reihe von Vorschlägen, die zu einer Annäherung und Koexistenz in einem Gemeinwesen zwischen Juden und Arabern beitragen sollten. Das reichte von der gemeinsamen Vermarktung der Orangen, der Zusammenarbeit bei der Feuerwehr, dem gemeinsamen Kampf gegen die Malaria bis zu gemeinsamen Gewerkschaften, Parteien und Schulen.

Obwohl sie Frieden und Einheit mit den arabischen Bewohnern Palästinas forderten, wollten Organisationen wie Brit Schalom, Ichud (das war die Organisation, in der Martin Buber mitwirkte) und andere private Initiativen aber der zionistischen Idee treu bleiben. Für sie ließ sich beides vereinbaren.

Diese Kette von versöhnungsbereiten Inspiratoren des Friedens und der Koexistenz, die aber nicht darauf verzichten wollten, gute Zionisten zu sein, führt kontinuierlich von Martin Buber bis in die heutige Zeit, zu Menschen wie Uri Avnery. Doch Menschen wie diese waren und sind auch heute leider in der Minderheit.

Tom Segev, einer der eindrucksvollsten, weil kritischen Historiker und Zeugen der Zeitgeschichte in Israel, hat sich mit dem Mythos befasst, den Ben Gurion in den fünfziger Jahren in die Welt setzte, als er nach dem Holocaust den Engländern und eigentlich der ganzen Welt vorwarf: „Wenn man die Teilung durchgeführt hätte, wäre die Geschichte unseres Volkes anders verlaufen und sechs Millionen Juden wären nicht getötet worden – die meisten von ihnen wären jetzt in Israel."

1938 hatten die Briten in der Tat begonnen, sich von dem Teilungsplan zu distanzieren. Tom Segev hat die Äußerung von Ben Gurion aber dennoch scharf kritisiert, denn die Jüdische Gemeinschaft in Palästina wäre damals gar nicht in der Lage gewesen, Millionen von Juden aufzunehmen. Deshalb kann nicht von einer verpassten Chance gesprochen werden. „Als der Teilungsvorschlag auf den Tisch kam, bestand schon keine Chance mehr, den Konflikt friedlich zu lösen", hält Segev außerdem fest. Seit dem Ausbruch des arabischen Aufstandes waren die Briten nicht mehr davon überzeugt, dass ihre Besetzung Palästinas und somit auch die Unterstützung der zionistischen Pläne richtig seien. „Sie blieben nur, weil sie nicht wussten, wie sie sich zurückziehen sollten".

Eines der Grundprobleme zwischen Juden und arabischen Palästinensern war die Tatsache, dass die in Palästina eingewanderten Juden durch ihre Herkunft in Europa, die europäische Kultur und Zivilisation stark geprägt blieben. Tom Segev schreibt von dem prototypischen Zionisten Jefim Gordin, der sich später in Palästina den Namen Chaim Schalom Halewi gab. Jefim Gordin machte sich 1926 von Wilna in Litauen nach Palästina auf, das Land seiner zionistischen Träume. Er hatte sein Abitur am hebräischen Gymnasium in Wilna bestanden und wurde von seinen Lehrern angeregt, ein Studium in der Schweiz oder in Italien zu beginnen. Er aber wählte den Seeweg nach Palästina. Von Constanza in Rumänien aus schrieb er seinen Eltern eine Postkarte: „Die Postkarte ist die letzte, die ich als Europäer schreibe; in wenigen Stunden werde ich Asiat sein. Ich trauere diesem netten kultivierten Etikett ‚Europäer' nicht nach. Gott gebe, dass alles gut wird und wir uns bald auf dem Berg Zion in Jerusalem von Angesicht zu Angesicht wiedersehen".

Doch so einfach sollte es ihm nicht fallen, seine europäische Herkunft abzulegen. Er suchte sich eine Beschäftigung und gab bald die von ihm selbst getippte und vervielfältigte Zeitung „be-Artzeuibu" (In unserem Land) heraus. Er stellte der Zeitung jeweils ein dreiteiliges Motto voran:

„Es ist gut, in unserem Land zu leben;
Es ist gut, in unserem Land zu leiden;
Es ist gut, in unserem Land zu arbeiten."

In der ersten Ausgabe seiner Zeitung beschrieb er mit Nostalgie die Aussicht vom Berg Karmel: „Weit entfernt, wo das Meer endet, liegt Europa; Polen ist dort. Wie viele Erinnerungen sind damit verbunden". Ein einfacher Entschluss, ein Asiat werden zu wollen, hatte also nicht ausgereicht. Das Heimweh hatte seinen anfänglichen Enthusiasmus erheblich gedämpft, und es fiel ihm schwerer als vermutet, alte Gewohnheiten hinter sich zu lassen.

Dann kamen die Kriege, dann kam die Staatsgründung, dann kamen die Vertreibungen, die in ihrer Dimension erst heute aufgedeckt werden. Benny Morris und Ilan Pappe und auch Tom Segev sind die sogenannten Neuen Historiker, die sich nicht gescheut haben, die hässliche Seite der Staatsgründung zu beschreiben. Noch immer fordern sie die vollständige Aufarbeitung dieser Zeit, die in der Geschichte des Staates Israel so häufig beschönigt worden ist.

Nachdem aber die Staatlichkeit durch den Sieg auf drei Schlachtfeldern errungen worden war, kam es zum Jahr 1967 und dem dritten arabisch-israelischen Krieg.

1967 lebten erst 2,3 Millionen Juden und etwas mehr als 300.000 Palästinenser in dem Gebiet, das wir seit dem 14. Mai 1948 Israel nennen. In den Monaten vor dem Sechs-Tage-Krieg wurden immer wieder Anschläge auf den jüdischen Staat und seine Bewohner verübt. Die Angreifer kamen von der Fatah und sickerten von Jordanien und Syrien nach Israel ein. Die Lage wurde aber noch dramatischer, als der ägyptische Präsident Nasser am 22. Mai 1967 die Straße von Tiran sperren ließ, eine Meerenge, die zu dem für die Israelis überlebenswichtigen Hafen von Eilath führte, welcher somit abgeriegelt war. Im Sicherheitsrat der Vereinten Nationen wurde diese illegitime Sperre nicht beachtet, was natürlich bei den zu diesem Zeitpunkt noch nachvollziehbaren Sicherheits- und Überlebensbedürfnissen der Israelis nur 13 Jahre nach der Staatsgründung falsch war. Bedingt durch diese Ereignisse ging eine damals verständliche und sehr berechtigte Angst in Israel um.

Die Israelis waren überzeugt, der Krieg würde kommen, kommen müssen. Je eher sie selbst die Initiative übernähmen, desto präventiver und umso besser. Und tatsächlich kann es nicht überraschen, dass die Israelis so sehr davon überzeugt waren, dass es einen Krieg geben würde, und selbst zum Angriff übergingen. Der ägyptische Präsident hatte nämlich nicht nur die Straße von Tiran für die israelische Schifffahrt sperren lassen und den Abzug der UN-Truppen vom Sinai erzwungen, er hatte auch 1000 Panzer und ca. 100.000 Soldaten an den Grenzen zu Israel aufmarschieren lassen.

Am 14. Mai 1967, am Unabhängigkeitstag, wurden schließlich 40.000 Reservisten in Israel eingezogen. Die Frage, die damals alle Israelis bewegte: Was will Nasser?

Wir wissen heute sehr viel mehr über die Zeit vor und während des Sechs-Tage-Kriegs, weil die Archive mittlerweile geöffnet worden sind. Deshalb kann Tom Segev mittlerweile aus den Protokollen der Kabinettssitzungen und aus den Berichten des ägyptischen Geheimdienstes zitieren. Aus diesen Informationen wird deutlich, dass das ganze Geschehen damals in Kriegshysterien, in politischen Verschwörungen, in Kabalen und Streitigkeiten gipfelte. Levi Eschkol war damals der Ministerpräsident Israels. Er war wahrscheinlich der verantwortungsvollste und vernünftigste israelische Regierungschef, den es bis 2010 gegeben hat, aber ihm fehlten der Glanz und vor allem das militärische Charisma, das man in dieser Zeit in Israel zu brauchen schien. Deshalb musste er bald die „Regierung der nationalen Einheit" bilden und überließ zunehmend den Vertretern einer härteren militärischen Linie, wie Menachem Begin und Mosche Daja, das Feld. In dieser Zeit herrschte natürlich große Angst in der Bevölkerung. Nur wenige versuchten noch, die Gewalt und die Vergeltungsmaschinerie aufzuhalten. Es gab die Bewegung von Martin Buber, nunmehr geführt von Ernst Simon, und es gab Uri Davis. Letzterer führte einen Kampf gegen das Kriegsrecht. Er wollte in einem Aufruf Israel noch einmal bitten, abzuwarten, bevor es erneut in den Krieg zöge. Doch diese alternativen Stimmen verhallten ungehört im allgemeinen Konsens der Angst. Israel sei zu schwach gewesen, um nicht in den Krieg zu ziehen, sagte rückblickend der Historiker Tom Segev. Der erste Kampftag war der 4. Juni, der letzte der 11. Juni 1967. Es gab 800 israelische Kriegsgefallene.

Die UNO hatte in diesen dramatischen Jahren leider keinen starken Generalsekretär. Der Burmese Sithu U

Thant war phantasielos und hatte sich sofort bereit erklärt, Nassers Forderung nach Abzug der UN-Blauhelme aus dem Sinai zu erfüllen. Er habe seine Blauhelme schützen müssen, war die Begründung. Wäre der Vorgänger von U Thant, Dag Hammerskjöld, noch am Leben gewesen, der wenige Jahre zuvor durch einen mysteriösen Flugzeugabsturz im Kongo ums Leben gekommen war, so wären die Dinge anders verlaufen. So aber gab es niemanden, der den beginnenden Krieg zwischen Israel auf der einen Seite und Ägypten, Jordanien und Syrien auf der anderen Seite aufhalten konnte.

Israel wurde über Nacht durch eine brillante Militäraktion – wenn man so etwas sagen darf – um vieles größer: um das Westjordanland, die Golanhöhen, den Gazastreifen, die Sinai-Halbinsel und die Altstadt von Jerusalem. Nicht nur die Generäle votierten dafür, die neu eroberten Gebiete so schnell wie möglich rechtlich und damit offiziell und bindend Israel einzuverleiben. Die Araber, so glaubte man sicher, wollten Israel noch immer zerstören. Durch die neu eroberten Gebiete hatte Israel seine strategische und sicherheitspolitische Position entscheidend verbessert. Weshalb sollte es diese Gebiete also aufgeben? Und nicht nur die militärischen Führer wollten das Faustpfand nicht wieder aufgeben. Für ein Großisrael traten auch berühmte israelische Schriftsteller ein, so zum Beispiel Samuel Joseph Agnon, Nathan Alterman, Uri Zwi Greenberg, Chaim Gouri, Mosche Schamir, Chaim Hasas und viele andere. Ziemlich imperialistische und unbescheidene Töne waren da zu lesen und zu hören: „Mit dem Sieg der israelischen Armee ist für die Nation und den Staat eine neue Ära angebrochen. Groß Erez Israel ist nun in der Hand des jüdischen Volkes."

Gefährlicher als alle politischen Debatten über Recht und Unrecht der Annexion der errungenen Gebiete waren jedoch die religiösen Argumente, die bald dafür laut wurden. Denn diese Argumente waren, da sie sich auf die unanfechtbare Religion beriefen, nicht mehr politisch und diplomatisch verhandelbar. Auf diese Weise beriefen sich plötzlich viele Juden wieder auf vermeintliche biblische Ansprüche, die zuvor eigentlich nicht durch besonderen religiösen Eifer aufgefallen waren. Der damalige Verteidigungsminister und ehemalige General Moshe Dayan drückte dies aus, als er pragmatisch sagte: „Was den Zionismus betrifft, bin ich ein religiöser Jude!" Und auch Uri Avnery betont noch heute, wie ambivalent und bigott das Verhältnis der Mehrheit der israelisch-jüdischen Gesellschaft zum Glauben und zur jüdischen Religion ist. „Die Mehrheit der Juden glaubt nicht an Gott, aber daran, dass er ihnen das Land gegeben hat."

Es ist immer besonders gefährlich, wenn religiöse und militärische Ansprüche und Ziele zusammenfallen. Deshalb war es auch außerordentlich besorgniserregend, als der oberste Militärseelsorger Israels sich immer wieder in die politische Debatte einschaltete. General Schlomo Goren, der Oberrabbiner der israelischen Armee, war einer der heftigsten Gegner jeder Rückgabe der Gebiete. Als er mit den ersten israelischen Soldaten die Klagemauer erreichte, sagte er: „Der Geist Gottes, der die Klagemauer nie verlassen hat, geht jetzt in einer Feuersäule vor den Heeren Israels einher und leuchtet auf den Weg zum Sieg." Und auch der Rabbi Jehuda Kook, Leiter der Jeschiwa Merkas ha-Rav, einer der angesehensten religiösen Schulen Israels, gehörte zu denen, die Gott priesen, da er den Israelis und ihrer Armee den Sieg ermöglicht habe.

Immerhin war Moshe Dayan dann doch so klug, die Flagge Israels nach der Besetzung des Tempelbergs wieder einholen zu lassen. Aber bis heute ist das alles nicht geregelt. Noch immer bestehen beide Seiten auf ihrem Recht auf die umstrittenen Gebiete. Und bis heute gibt es auf beiden Seiten nicht den geringsten Geist der Versöhnung und der Kooperation. Die israelischen Wünsche eines jüdischen monoethnischen und monoreligiösen Staates stehen den berechtigten Forderungen der Palästinenser nach ihrem eigenen Staat klar entgegen. Solange aber Siege und Besatzung als heilige Handlungen gerechtfertigt werden, darf man sich nicht wundern, dass es keine Versöhnung, kein Nebeneinander und vor allem kein Miteinander geben kann.

Immer wieder hat man sich in Israel der Illusion hingegeben, die Palästinenser könnten einfach die Lust verlieren, hier weiter zu leben – und sie würden von selbst das Land verlassen, das ihnen nicht mehr zustünde. In der zionistischen Bewegung und auch nach der Staatsgründung Israels hoffte man auf Möglichkeiten, Palästinenser in andere Weltgegenden umzusiedeln und das Problem der arabischen Bevölkerung im jüdischen Staat so zu lösen. Beispielsweise hatte 1962 Esra Danin, einer der Geheimagenten der zionistischen Bewegung und später Berater für arabische Angelegenheiten im israelischen Außenministerium, die Idee, palästinensische Flüchtlinge zur Auswanderung nach Deutschland zu ermuntern. Da die Bundesrepublik Deutschland damals einen großen Bedarf an ausländischen Arbeitskräften hatte, versuchte Israel ein Abkommen zwischen Deutschland und Jordanien zu erreichen. Mithilfe der deutschen Gewerkschaften sollte das die massenweise Emigration von palästinensischen Flüchtlingen bewirken.

Die Beamtin des israelischen Außenministeriums Ruth Wolf sagte damals: „Vielleicht ist es notwendig, gegenüber Deutschland anzudeuten, dass sie wegen des Holocaust besondere ‚Schuld' an der Gründung des Staates Israel tragen. Hier bietet sich ihnen die Gelegenheit, bei der Wiederansiedlung von Flüchtlingen zu helfen, deren Probleme sich aus der Staatsgründung ergeben."

Doch nicht nur Deutschland sollte die palästinensischen Flüchtlinge aufnehmen. Die Pläne für solch einen Transfer waren zwar noch geheim, aber weltweit wurden dafür mögliche Länder und Kontinente gesucht. Nach dem Sechs-Tage-Krieg wurde deshalb Ada Sereni angestellt, deren Aufgabe es sein sollte, die Palästinenser zur Emigration zu „überreden". Außer ihr wurde auch Shlomo Gazit auf einen neuen Posten berufen und als Verantwortlicher über eine Kommission eingesetzt, die sich neben Fragen der Sicherheit auch mit den politischen und wirtschaftlichen Angelegenheiten in den neu errungenen Gebieten befassen sollte. Der US Senator Edward Kennedy unterstützte die Idee, 200.000 Flüchtlinge aus dem Gazastreifen auf der ganzen Welt zu verteilen. Zwischen 25.000 und 50.000 von ihnen sollten eine neue Heimat in den USA finden. Jacob Javits, ein anderer US-Senator, entwickelte einen Plan zur Wiederansiedlung der Flüchtlinge und der israelische Konsul in New York berichtete, dass die lutherische Kirche ihre Hilfe zugesagt habe. Auch aus Australien kamen positive Nachrichten. In Zusammenarbeit mit Shlomo Gazits und Ada Serenis „Reiseagenten" und wohl auch mit dem Mossad versuchte das israelische Außenministerium zudem, Flüchtlinge zur

Emigration nach Brasilien und in andere südamerikanische Länder zu bewegen. Schon in den ersten Wochen nach dem 1967er-Krieg wurden die israelischen Botschafter in diesen Ländern gebeten, einen Fragebogen zum Thema Einwanderung auszufüllen. Im August 1967 schrieb Levi Eschkol an seinen Außenminister Abba Eban, er habe aus Gesprächen mit dem brasilianischen Botschafter in Israel den Schluss gezogen, dass Tausende, wenn nicht Zehntausende Palästinenser zur Ausreise nach Brasilien ermuntert werden sollten. Das Außenministerium unterrichtete Shlomo Gazit bald über die Ankunft eines Reiseagenten aus Brasilien, der auf Auswanderer spezialisiert war und die Palästinenser dazu bewegen sollte, in das Land überzusiedeln. Aber all diese Bemühungen blieben erfolglos – die Flüchtlingsproblematik konnte auf diesem Weg nicht gelöst werden.

Bis heute trägt Israel an den Erblasten des Sechs-Tage-Kriegs, die einer Lösung des Konflikts und somit dem Frieden im Wege stehen: Die israelische Demokratie ist zwar formal in Ordnung, wird aber im Grunde von einer Militärkaste geführt. Ohne die Generäle kann in Israel nichts geschehen, und Zivilisten behaupten sich nur durch eine äußerst militante Schärfe gegen sie. Das zweite Problem ist der gefährliche religiöse Überbau, mit dem man das Land, die Eroberungen und die Besatzung belegt hat. In Hebron kann man bis heute sehr genau beobachten, wie das zur Diskriminierung und Demütigung einer ganzen Großstadtbevölkerung führt. Darauf werde ich noch ausführlich zu sprechen kommen.

Anhand der Aufarbeitung des Krieges, soweit sie bis heute vorangegangen ist, wurde aber auch ein weiteres

Strukturproblem der israelischen Gesellschaft deutlich. Die Aschkenasim und die Sepharden, die man auch Misrachi nennt, also die Juden aus Europa und die aus den arabischen Ländern, waren nicht gleichermaßen in das Herrschaftsgefüge des Staates und der Armee eingebunden. Zwar versuchte man nach dem Sechs-Tage-Krieg immer wieder dazustellen, dass die Misrachi-Soldaten, also jene Soldaten mit einem arabischen Hintergrund, auch einen großen Anteil an dem Sieg gehabt hätten, aber – wie Tom Segev schreibt – waren unter den Gefallenen wesentlich mehr Aschkenasim, nämlich 60 Prozent. Unter den gefallenen Offizieren waren sogar 80 Prozent Aschkenasim. Und von den Soldaten, die eine Auszeichnung für ihre Verdienste im Sechs-Tage-Krieg erhielten, waren nicht einmal 20 Prozent arabischstämmige Juden.[1]

Zwei Ereignisse und Persönlichkeiten der Zeitgeschichte verdeutlichen aus heutiger Perspektive eindrücklich die weiteren Schwierigkeiten, die sich nach dem Sieg im Sechs-Tage-Krieg einstellten und die bis heute in der Geschichte des Staates Israel virulent geblieben sind. Denn auch außerhalb der arabischen Staaten hatte dieser Krieg weitreichende Folgen.

Der heute längst vergessene amerikanisch-jüdische Ölmagnat Jacob Blaustein wandte sich umgehend an den israelischen Ministerpräsidenten, als er hörte, dass Levi Eschkol von der „jüdischen Nation" gesprochen habe. Blaustein besaß einen Brief, den ihm der Staatsgründer Ben Gurion geschrieben hatte. In diesem Brief hatte Gurion hoch und heilig versprochen, dass sich Israel nicht in das Leben der amerikanischen Juden einmischen werde. Blaustein erklärte, durch den Begriff „jüdische Nation" werde seine Zugehörigkeit zur „amerikanischen Nation" infrage gestellt. Und das galt natürlich nicht nur für die amerikanischen Juden, sondern für alle Juden, die außerhab Israels lebten und sich einer anderen Nation zugehörig fühlten.

Die zweite wichtige Persönlichkeit war General Charles de Gaulle. Gemessen an den sonstigen westlichen und insbesondere europäischen Verhältnissen, hatte de Gaulle das Verhalten Israels im Bezug auf die besetzten Gebiete extrem angegriffen. Das war umso erstaunlicher, als Frankreich ja ein früher Verbündeter Israels gewesen war, maßgeblich die Atomanreicherungsanlage in Dimona mit initiiert hatte und Israel auch die Flugzeuge für den siegreichen Krieg geliefert hatte. Charles de Gaulle verlangte den Rückzug Israels aus den besetzten Gebieten, eine freie Schifffahrt, eine Lösung des Flüchtlingsproblems und eine internationale Verwaltung der Hauptstadt Israels (West-Jerusalems) und Palästinas (Ost-Jerusalems). Er fügte noch hinzu, der Staat Israel sei unter rechtlich zweifelhaften Umständen im Nahen Osten implantiert worden und benehme sich „überheblich und anmaßend". Die Reaktion auf diese Äußerungen de Gaulles entsprach dem, was wir auch heute noch erleben, wenn es jemand wagt, Israel zu kritisieren, egal wie berechtigt diese Kritik sein mag. Elie Wiesel verdeutlichte das Problem eindringlich, als er schrieb: „Eines Tages, in zwei oder drei Generationen, wird man, wenn man auf General de Gaulle zu sprechen kommt, sagen, ... er tat eine Menge für sein Volk, aber er war ein Antisemit."[2]

Der Sieg von 1967 hatte zu einem überdurchschnittlichen und gefährlichen Triumphalismus auf israelischer Seite geführt. Die Folge davon war, dass Recht und Gesetz sich aus der Stärke der Gewehre und den militärischen

Siegen ableiteten. Wie der israelische Diplomat und Publizist Avi Primor es in seinen Büchern und Erklärungen immer wieder formuliert hat: Israels Gesellschaft bekam Appetit auf mehr Raum, als in dem Teilungsplan und auch nach vernünftiger politischer Zukunftsklugheit ihr einst zugestanden worden war.

Land ohne Unterschiede?
Israel, die Ethnokratie

„Israel muss Auschwitz verlassen, da es ein mentales
Gefängnis ist ... Wenn Israel sich von seiner Besessen-
heit von der Shoah und ihrer Exklusivität befreit, wird
auch die Welt freier sein. Israels Rolle wird darin bestehen, aufzupassen, Alarm zu schlagen und sich auf
die Seite der Verfolgten zu stellen, wo sie auch sind,
ohne Rücksicht auf Freund oder Feind. Das jüdische
Volk wird die Verfolgten erkennen und die Weltöffentlichkeit und die politischen Kräfte mobilisieren,
um Gräueltaten zu verhindern, bevor sie passieren. In
Jerusalem wird ein Internationaler Strafgerichtshof für
Verbrechen gegen die Menschheit eingerichtet werden,
dessen Richter aus allen Nationen kommen. Er wird
allen offen stehen".   *Ex-Knesseth-Präsident*
                              Avraham Burg, 2009[1]

Vieles von dem, was ich heute über Politik weiß, habe ich
in Gesprächen mit dem ehemaligen Staatssekretär Paul
Frank gelernt. Frank arbeitete für das Auswärtige Amt,
als dieses noch in Bonn und nicht in Berlin stationiert
war. Es hat mich persönlich immer sehr bereichert, mit
ihm über seine Zeit als Diplomat zu sprechen. Ebenso
geht es mir noch heute, wenn ich sein Buch „Entschlüssel-
te Botschaft. Ein Diplomat macht Inventur" über diese
Zeit lese. In einem langen Interview, das er mir einmal
für den Deutschlandfunk gab, erzählte mir Paul Frank
von seiner Begegnung mit dem Präsidenten Südkoreas,
Park Chung-Hee. Das war 1969, und Frank war mit einer

kleinen Delegation in das Land gekommen, nachdem Südkorea eine Gruppe von Exilkoreanern mithilfe des Geheimdienstes aus Deutschland verschleppt und diese in Korea inhaftiert hatte. In seinem Gespräch mit den Verantwortlichen sagte Paul Frank etwas, was mir durchaus einleuchtete. „Es wird für Sie und Ihre Ziele nicht gut sein, wenn Sie diesen Bruch von Menschenrechtsvereinbarungen weiter durchhalten. Wie stehen Sie dann in der internationalen öffentlichen Meinung da!?" Seine Gesprächspartner, u. a. der Außenminister Choi Kyu-Hah zeigten sich davon unberührt. Die weltöffentliche Meinung und die Reputation von Südkorea sei ihnen völlig egal.

Paul Frank gab ihnen ganz aufgeregt als Antwort: „Das kann Ihnen doch nicht einfach egal sein, wie Sie weltöffentlich dastehen!"

1982 lernte ich zu verstehen, wie Frank sich 1969 gefühlt haben musste. Ich war zum ersten Mal in Israel und trat allen Amtsträgern und Bürgern mit der sich für einen jungen Deutschen gehörenden Ehrerbietung entgegen. Ein junger Diplomat in der Europa-Abteilung des israelischen Auswärtigen Amtes sagte mir wörtlich fast das Gleiche, als ich ihn darauf hinwies, dass es doch für den Ruf des Staates Israel angenehmer sein müsse, wenn man weltöffentlich für eine vorbildliche, den geltenden Konventionen entsprechende Politik geachtet würde. „Das ist uns völlig egal, wir haben aus der Geschichte gelernt, dass uns das völlig gleichgültig sein sollte." Damals hatte ich für diese Haltung noch großes Verständnis oder ahnte zumindest, dass man dafür Verständnis haben konnte. Doch heute?

Heute werden wir vor andere Alternativen gestellt. Wir können unsere Schuld und Scham und unser latent oder offen zutage tretendes schlechtes Gewissen nicht dadurch loswerden, dass wir eine Politik Israels gutheißen, die einem Dritten, den Palästinensern nämlich, sämtliche Menschenrechte abspricht.

Der Staat Israel kann sich bald in einer Sackgasse befinden. In dem Bestreben, das eigene Sicherheitsbedürfnis mit allen Mitteln zu verteidigen, macht Israel sich international immer isolierter und unbeliebter. Gleichzeitig werden die Bürger Israels selbst immer unfreier. Der Staat Israel kann sich beispielsweise aus Sicherheitsgründen nicht an humanitären internationalen Katastrophenhilfen beteiligen oder nur ganz kurzfristig und dann nur bewaffnet und protegiert von der eigenen Armee. So war es schon nach dem Ruanda-Völkermord in der Provinz Nord-Kivu (Goma) im Kongo (damals noch Zaire), und so war es auch 2010 nach dem schweren Erdbeben in Haiti.

Die Kunst der Diplomatie, wie Paul Frank sie lebte, beherrschen die Israelis nicht. Als Frank damals in Korea angekommen war, bemühte er sich als erstes darum, die Lage der koreanischen Regierung zu verstehen und sich in sie hineinzuversetzen. Welche innenpolitische Bedeutung würde es haben, wenn die Regierung rechtskräftig verurteilte Häftlinge freilassen würde? Würde nicht die Opposition darin ein Zurückweichen von Park Chung-Hee sehen können und daraus den Schluss ziehen, dass man die Angriffe gegen das Regime verstärken müsse? Israel und die Juden, die von Europa aus dort einwanderten und noch immer einwandern, haben sich bis heute nicht einmal ernsthaft darum bemüht, sich in die Seele und das Gemüt ihrer arabischen Nachbarn, der Palästinenser einzufühlen. Noch immer ist Israel nicht bereit, das Unrecht zuzugeben, das diesen Palästinensern bei

der Vertreibung nach 1948 geschehen ist. Dieses Einge-
ständnis der eigenen Verbrechen muss aber kommen,
denn ohne eine solche Einsicht kann es zu keiner Verbesserung der Lage zwischen den Völkern kommen. Dabei
tickt im Gebiet des ehemaligen Palästina längst eine demographische Zeitbombe. Die Zahl der Araber wächst
wesentlich rasanter an als die der Israelis. Und man wird
nicht alle von ihnen vertreiben, ins Gefängnis stecken
oder, wie jene im Gazastreifen, ausgrenzen können.

In Israels Unabhängigkeitserklärung war ein Traum fest-
geschrieben worden. Die Verheißung für den neuen Staat
wurde am 14. Mai 1948 verlesen und lautete: „(Der Staat
Israel) wird auf Freiheit, Gerechtigkeit und Frieden im
Sinne der Visionen der Propheten Israels gestützt sein.
Er wird all seinen Bürgern ohne Unterschied von Religion, Rasse und Geschlecht soziale und politische Gleichberechtigung verbürgen." So schön dieser Text klingt – er
hat wenig mit der Realität in Israel gemein. Die Ausgrenzung von Minderheiten ist nur bedingt mit dem Grund-
gedanken der Demokratie vereinbar, insbesondere in einem Staat, der zu einem guten Teil von jenen und für
jene geschaffen worden ist, die selbst die Folgen der Diskriminierung und Verfolgung kennenlernen mussten.

Formal ist in Israel sehr vieles musterdemokratisch. In
allgemeinen, freien, geheimen, gleichen und landesweiten
Wahlen werden die 120 Abgeordneten des israelischen
Parlamentes gewählt. Es gibt eine fast unbegrenzte Reprä-
sentationsmöglichkeit selbst für kleine Parteien, weil es
ein reines Verhältniswahlrecht gibt. Innerhalb der jüdischen Gesellschaft Israels herrscht zudem eine Toleranz,
die vorbildlich ist und an der sich viele andere Gesell-

schaften ein Beispiel nehmen können. Die orthodoxen Juden, die man in Europa wahrscheinlich als religiöse Spinner verspotten würde, können in Israel in großer Freiheit ihren Glauben ausleben. Für sie gilt sogar eine Ausnahmegesetzgebung: Die Orthodoxen müssen nicht arbeiten, müssen keine Steuern zahlen und nicht den Wehrdienst ableisten. Außerdem gibt es in Israel eine bis heute kaum beschnittene politische Streitkultur, die es Dissidenten wie den Journalisten Gideon Levi und Amira Hass erlaubt, ihre quer zum Mainstream gehenden Einschätzungen öffentlich und uneingeschränkt sagen zu können.

Aber nicht alles in Israel ist politisch so mustergültig. Israel hat beispielsweise keine Verfassung, weshalb die rechtlichen Grundsätze in Grund-Gesetzen festgelegt sind. Die zweite Einschränkung betrifft die Regelung des Verhältnisses von Staat und Religion. In der Zeit der Staatsgründung wurde festgelegt, dass beispielsweise wichtige Bereiche des Ehe- und Scheidungsrechts der religiösen Rechtsprechung unterworfen sind. Zivile Ehen sind in Israel nicht erlaubt. Israelis, die den Bund fürs Leben dennoch nicht in einer Synagoge schließen möchten, müssen nach Zypern reisen, um dort die Ehe einzugehen und sie anschließend in Israel anerkennen zu lassen. Das Gleiche gilt für Israelis, die einen Palästinenser heiraten wollen. Mischehen können in Israel nur dann geschlossen werden, wenn ein Partner konvertiert.

Der dritte und wichtigste Bereich aber, in dem die politische Realität Israels hinter den Idealen der Staatsgründungszeit zurückliegt, betrifft das Verhältnis zu den Minderheiten. Etwa 20 Prozent der Israelis sind Palästinenser, Drusen oder Berber. Zwar gibt es die eine rechtliche

Gleichstellung auf dem Papier, in der Realität aber werden Mitglieder der arabischen Minderheit diskriminiert und sind Staatsbürger zweiter Klasse. In die Pässe wird nicht etwa allen im Land wohnenden Menschen „israelisch" als Nationalität eingetragen, sondern die einen werden als „Juden" ausgezeichnet, während die Palästinenser im Pass als „Araber" ausgewiesen sind.

Es gibt derzeit etwa 1,4 Millionen arabische Israelis. Wenn man mit ihnen spricht, wie ich das zum Beispiel während des zweiten Libanonkrieges in Haifa getan habe, beklagen sie sich über die Ghettoisierung und Diskriminierung. An dem realen Grund für diese Klagen kann kaum gezweifelt werden. Israel als Staat versucht diese Minderheiten auch noch gegeneinander auszuspielen: Man behandelt die christlichen Araber anders als die muslimischen, die Drusen anders als die Beduinen. „Als Staatsbürger haben sie offiziell dieselben Rechte wie die jüdische Bevölkerung, dennoch werden die palästinensischen Israelis vielfältig, häufig versteckt, diskriminiert."[2] So sind arabische Israelis mit Ausnahme der Drusen aufgrund von Sicherheitsbedenken de facto vom Militärdienst ausgenommen. Viele Vergünstigungen, die einem Bürger gewährt werden können, sind aber von der Erfüllung des Wehrdienstes abhängig gemacht. In dem Israel, das wir kennen, ist ein Staatsbürger nur dann ein Staatsbürger erster Klasse, wenn er den Wehrdienst ableistet oder ableisten kann.

Trotz dieser Mängel fühlt Israel sich immer wieder im Recht. So auch, als jüngst der sogenannte Goldstone-Bericht veröffentlicht wurde. Der Bericht fasste die Ergebnisse einer Kommission zusammen, die im Auftrag des UN-Menschenrechtsrates den Gazakrieg untersuchte.

Dieser Bericht fiel ernüchternd und anklagend für die israelische Seite aus, die öffentlich ja immer behauptet hatte, im Gazakrieg lediglich gerechte Ziele verteidigt zu haben. Die Kommission kam zu dem Ergebnis, dass zwar, wie Israel das angemahnt hatte, die Hamas tatsächlich gegen das Kriegsvölkerrecht verstoßen habe; das Gleiche wurde aber auch über die israelischen Streitkräfte festgestellt. Auch diese hatten gegen geltendes internationales Recht verstoßen, und dieser Umstand wiegt umso schwerer, da Israel ein starkes Land ist, während die Kämpfer der Hamas sich immer noch gegen die Besatzung ihres Landes auflehnten. Israel muss die Besatzung aufgeben.[3]

In jeder Beziehung scheint der Staat Israel anzunehmen, dass auf ihn selbst andere Gesetze als die international anerkannten anzuwenden sind, im Zweifelsfall nur die eigenen. Dabei handelt es sich doch um einen Staat, der eigentlich mehr auf internationale Solidarität angewiesen ist als jeder andere. Diese verquere Logik wird auch erkennbar, wenn es um die israelische Atomindustrie und Nuklearwaffen geht. Schließlich war es Israel gegen Ende der fünfziger Jahre nur mithilfe Frankreichs, Großbritanniens und Norwegens gelungen, sich das schwere Wasser für sein Atomprogramm zu besorgen. Das war aber auch schon das Ende der internationalen Kooperation; Israel ist dem Atomwaffensperrvertrag nicht beigetreten. Erstaunlicherweise hat das aber auch keine Großmacht, auch nicht die Vereinigten Staaten, verlangt. Erst im März 2010 äußerte der US-Präsident Barack Obama den Wunsch, dass Israel aus freien Stücken beitreten möge.

Und das ist nicht das einzige Beispiel dafür, wie vieles die internationale Staatengemeinschaft, insbesondere die westlichen Großmächte, der israelischen Politik durchgehen lässt. So wurde auch der Bau jüdischer Siedlungen im künftigen Gebiet eines palästinensischen Staates ohne ernsthaften Protest von europäischer und amerikanischer Seite hingenommen, obwohl es doch jedem klar sein musste, dass das ein gewaltiges Hindernis auf dem Weg zu einem neuen Palästina darstellen würde. Ich habe versucht nachzurecherchieren, welcher EU-Staat irgendwann einmal gegen den Siedlungsbau protestiert hat; ohne Erfolg. So gut wie kein Staat hat öffentlich Stellung zu diesem so wichtigen Thema bezogen.

Eines darf niemand außer acht lassen. Die Bevölkerung in Israel hat natürlich ein Recht darauf, nicht immer in Angst und Schrecken vor Attentaten leben zu müssen. Dieses Recht wird Israel insbesondere innerhalb der deutschen Gesellschaft nicht nur eingeräumt, sondern geradezu zugesichert. Doch wir Deutschen haben in der Geschichte der internationalen Politik auch gelernt, dass man Sicherheit nicht allein mit Aufrüstung, neuen Waffentechnologien und Nuklearwaffen gewährleisten kann. Das Gegenteil ist der Fall, wie die Erinnerung an das latente Bedrohungsgefühl des Kalten Krieges beweist.

Solange es Israel unmöglich ist, die in nächster Nähe lebenden und arbeitenden Araber als potentielle und wirkliche Nachbarn zu akzeptieren, kann es keine wirkliche Sicherheit geben. Auch wenn man Verständnis dafür haben kann und muss, dass Israel sich in den ersten Jahren nach der Staatsgründung und dem Ansturm der arabischen Armeen von seinen Nachbarn isolierte und ihnen mit Misstrauen begegnete, so muss doch irgendwann und insbesondere nach den letzten Kriegen, die keine Präventivkriege mehr waren, nach neuen Kooperationsformen im Nahen Osten gesucht werden.

Dabei soll nicht unerwähnt bleiben, dass beide Seiten an der Verschlechterung der Sicherheit beider Völker ihren gehörigen Beitrag geleistet haben. Was in der Zeit nach dem Oslo-Friedensprozess von der Hamas angestellt wurde, war ein fürchterlicher Schlag vonseiten der Palästinenser. Die Selbstmord- und Terroranschläge waren dafür verantwortlich, dass die israelische Friedensbewegung, die noch bis zur Ermordung des Ministerpräsidenten Yitzhak Rabin am 4. November 1995 sehr stark gewesen war, an Bedeutung verlor und zu einem Rinnsal vieler kleiner nebeneinander arbeitender Organisationen geworden ist, die in der Politik Israels kaum noch Gewicht haben. Heute ist eher damit zu rechnen, dass international berühmte Einzelpersonen wie David Grossmann und Amos Oz sich in Israel Gehör verschaffen können.

Wenn man an die Terroranschläge der Hamas denkt, so muss man die anfängliche Empörung der Israelis, sei es in der Politik oder der öffentlichen Meinung, verstehen. Aber darauf mit dem Bau von jüdischen Siedlungen der Westbank zu reagieren, war ein regelrechter politischer Fehler. Dieser Fehler wurde bis heute nicht korrigiert. Aber ohne einen zweiten Staat im Nahen Osten wird es keinen Frieden geben. Die meisten dieser Siedlungen werden abgebaut werden müssen. Mein Freund Daoud Nassar meint, man solle den palästinensischen Staat erst mal akzeptieren, dann könne man den Siedlern immer noch freistellen, ob sie Bürger des zweiten Staates Palästina werden wollen oder aber nach Israel zurückgehen. Aber die Angst, die in den letzten Jahren und Jahrzehnten geschürt worden ist, und das Vorurteil, dass man mit Arabern nicht zusammenleben und arbeiten könne, werden solche Kompromisse zunächst verhindern. Und daran dürften weniger die Araber die Schuld tragen, die sich schneller zu anderen Formen der Kooperation bereit finden, als wir das von unseren europäischen Verhältnissen her für möglich und realistisch halten. Und hier stoßen wir wieder auf das grundlegende Problem im Nahen Osten: Israel kann von seinen Verhandlungspartnern, die es jahrzehntelang nicht als solche behandelte, nicht erwarten, dass diese uneingeschränkt das Existenzrecht des Staates Israel akzeptieren, eines Staates, der beliebig seine Grenzen in das den Palästinensern von den UN-Resolutionen 242 (1967) und 338 (1973) zugestandene Gebiet hineinverschiebt und illegal palästinensisches Land konfisziert. Dazu kommt – und das betrifft die öffentliche Meinung der Palästinenser in Palästina (Westbank und Gaza) wie in der Diaspora –, dass man auch kein Wohlwollen Israel gegenüber erwarten kann, wenn von 1994 bis 2005 kein einziges „Wehrdorf" im Westjordanland aufgegeben wurde. Es ist richtig, dass in den Vereinbarungen des Osloer Abkommens zwischen Israel und der PLO keine explizite Verpflichtung zum Stopp des Siedlungsbaus enthalten ist. Deshalb hat damals auch Edward Said, der bekannte amerikanische Intellektuelle palästinensischer Herkunft, seine Stimme gegen das Abkommen von Oslo erhoben. Nachdem das Abkommen unterzeichnet war, blieben aber nicht nur die alten Siedlungen bestehen: Die Tatsache, dass selbst nach diesem ersten wichtigen Schritt in Richtung Frieden noch einmal massiv mit dem Ausbau der Straßen und Tunnel im Westjordanland begonnen wurde, und dass sogar eine neue Siedlung, die umstrittene Har Homa Siedlung zwischen Jerusalem und

Betlehem, gebaut wurde, die „die letzte noch bestehende Lücke im Ring jüdischer Vorortsiedlungen um Ost-Jerusalem schließen" sollte, war für kritische Beobachter nahezu unbegreiflich.[4]

Israel braucht, ebenso wie die Palästinenser, einen Dirigenten, der sich mit nüchternem Blick um eine Analyse und Lösung des Konflikts bemüht. Lässt man die Dinge treiben, wie das die gegenwärtige Regierung unter Benjamin Netanyahu tut, könnte der ganze Konflikt weiter eskalieren und am Ende könnte alles, was seit der zionistischen Bewegung erreicht wurde, auf dem Spiel stehen. Ein solcher Dirigent könnte Daniel Barenboim sein. Barenboim wäre wahrscheinlich der fähigste Politiker, den man sich für Israel vorstellen kann – und er ist ein Dirigent im wahrsten Sinne des Wortes, dem es zumindest auf musikalischem Gebiet bereits gelungen ist, die beiden Nationen zusammenzubringen und sie gemeinsam erklingen zu lassen. Daniel Barenboims Perspektive auf die heutige Situation im Nahen Osten ist deshalb so bedeutend, weil sie so einfach scheint und so pragmatisch gedacht ist. Er sagt: „Beide Seiten müssen das Recht der anderen, dort zu sein, anerkennen. In irgendeiner Form. Aber der größere Teil der Verantwortung liegt auf israelischer Seite." Darauf fragen Politiker „Warum?" – und der Dirigent und Politiker gibt die plausible Antwort: „Weil Israel ein Staat ist, ein mächtiger Staat, und die Palästinenser keinen Staat haben. So einfach denke ich. Aber so denken die Israelis nicht." Und auch viele Politiker denken nicht so einfach. Deshalb bewegt sich schon seit so langer Zeit kaum noch etwas im Nahen Osten.

Und dann erzählt Barenboim eine vielsagende Geschichte: „Als ich einen meiner ersten Besuche in Ramallah im Westjordanland machte und vor 200 palästinensischen Kindern gespielt habe, da kam ein Mädchen, und ich habe es gefragt: ‚Sag mal: Freust du dich, dass ich hier bin?‘ ‚Ja sehr‘, sagt sie. ‚Warum?‘, habe ich gefragt, und sie hat mir eine Antwort gegeben, die ich nie vergessen werde: ‚Weil du das erste Ding aus Israel bist, das kein Soldat und kein Panzer ist‘. Verstehen Sie? Damit hatte sich mein Besuch schon gelohnt. Und deswegen würde ich auf jeden Fall nach Gaza gehen und spielen wollen, wenn es möglich wäre. Ich möchte, dass die Menschen in Gaza wissen, dass es Menschen gibt, die anders denken.“[5]

Ungerechtigkeit in Stein
Von der „Eisernen Mauer", Wehrdörfern und den unerbittlich-aggressiven Siedlern

„Israel gefällt nicht, was Sie sagen!"
Mit diesen Worten verweigerte ein israelischer Grenzbeamter dem amerikanischen
Linguistikprofessor die Einreise in die
besetzte Westbank. *Noam Chomsky, 2010*[1]

Wie kaum ein anderer Satz erfuhr die Aussage der einstigen Bischöfin Margot Käßmann in ihrer Weihnachts-
predigt 2009[2] zustimmenden Widerhall in der Gesellschaft: „Nichts ist gut in Afghanistan." Eine Aussage, die
zwar wichtig und zum Teil richtig ist, aber eben auch
nicht ganz Afghanistan meinen kann; denn da geschah
vieles in der Bevölkerung, was als gut eingeschätzt werden
konnte. Zumal wir Grünhelme dort gerade allein in der
Provinz Herat die 31. Schule, zwei Techniker Werkstätten
und einen ersten Skateboard Outdoor Park eröffnet hatten.

„Nichts ist gut in Palästina", wäre dagegen vollkommen
zutreffend gewesen. Hier läuft seit der Gründung, spätestens aber seit 1967 vieles falsch und verkehrt. Von allem
Anfang an wurde hier nicht auf eine Zusammenarbeit
mit den dort lebenden Arabern, die sich hier Palästinenser
nannten, gesetzt. Von Anfang an wurde die machtvolle
Gründung und der Aufbau eines Staatswesens mit kräfti-
ger Wirtschaft und mächtiger Waffenindustrie sowie einer
noch stärkeren Armee als eine Enklave der europäischen

und amerikanischen Juden gesehen – nicht jedoch als Teil der Region, in dem die jüdischen Neuankömmlinge gemeinsam mit ihren Nachbarn und den früheren Siedlern der Region konstruktiv miteinander leben.

Man muss die Politik und die Gesinnung des israelischen Staates ehrlich betrachten – fernab von juristischen und diplomatischen Verschönerungsversuchen. Und kann nicht anders, als ernüchtert auf die Dinge zu blicken.

Es gibt in Tel Aviv einen Rechtsanwalt, der sich gewissermaßen in der Nachfolge von Felicia Langer spezialisiert hat auf Fälle von Ungerechtigkeit und Übergriffen, die in den besetzten Gebieten geschehen: Michael Sfard. Er ist Enkel polnisch-jüdischer Vorfahren und aufgrund seiner säkularen und liberalen Arbeit von Jerusalem nach Tel Aviv gezogen. Er wurde für drei Wochen inhaftiert, weil er sich als Angehöriger einer Reservisten-Einheit, die in besetzten Gebieten Einsätze leisten sollte, geweigert hatte, in Hebron als Soldat seinen Dienst zu tun. 2002 noch hatten 450 Reservisten eine Petition unterzeichnet, in der sie ihre Weigerung erklärten, an der israelischen Besatzung teilzuhaben oder auf der anderen Seite der Grünen Linie als Soldat zu dienen. Wohlgemerkt nicht, den Wehrdienst zu verweigern, was emotional und psychologisch noch nicht geht in Israel, aber, den Dienst in den besetzten Gebieten zu verweigern.

Die Mauer ist ein so unglaublich anachronistisches Ungetüm, dass man historisch graben muss, um ihre Ungerechtigkeit vollends zu verstehen. Von der Berliner Mauer sind nichts als Erinnerungsstücke geblieben, die an die

Zeit der Unfreiheit und Trennungen erinnern. In Israel steht so eine Mauer nach wie vor.

Wenngleich der Bau der Mauer von Ariel Scharon initiiert wurde, so war die Idee von etwas, das Israel im fremden Erdteil würde abschirmen müssen, das auch mit Beton und Eisen festen Bestand hatte, von einem Flügel des osteuropäischen Zionismus schon prognostisch, ja fast möchte man gar sagen prophetisch früher gekommen. In der jüdischen Zeitschrift Rasswjet in Russland schrieb einer der Gründungsväter der zionistischen Bewegung, Wladimir Jabotinsky (später trug er den Vornamen Zeev, Löwe), am 4. November 1923 den Artikel „Die eiserne Mauer, wir und die Araber", der später noch sehr oft zitiert werden sollte. Jabotinsky kritisierte die Meinung, dass in dem Gebiet, von dem die Mehrheit der europäischen und osteuropäischen Juden überhaupt keine Vorstellung hatte, die Araber durch die Wohltaten der jüdischen Immigranten für den Judenstaat gewonnen werden könnten. Er wurde der Begründer der „Eisernen Mauer", die man zwischen die Juden und die Araber setzen müsse. Er wehrte sich dagegen, dass man die Araber aus dem Lande hinauswerfen könnte. „Die Vertreibung der Araber aus Palästina ist unmöglich, in jeder Form. Es wird immer zwei Völker in Palästina geben."

Und das Prinzip dieser beiden Völker müsse die Gleichheit sein. „Ich bin bereit zu schwören, für uns und unsere Nachkommen, dass wir niemals diese Gleichheit zerstören werden und dass wir niemals versuchen werden, die Araber zu vertreiben und zu unterdrücken."

81 Jahre später, im August 2004, war die erste Sektion der Mauer fertiggestellt. Sechs Palästinenser aus der durch die

Mauer bei Kalkilya geschaffenen Enklave des Wehrdorfes Alfei Menashe reichten mit finanzieller Unterstützung der Vereinigung für Bürgerrechte in Israel (Association for Civil Rights in Israel) Klage ein: Sie verlangten – unter Anleitung des oben genannten Anwaltes Michael Sfard –, dass die Mauer für illegal erklärt und abgerissen werden solle. Drei der Palästinenser – Zaharan Younis Mohammed Marabe, Mourad Ahmed Muhammad Ahmed und Muhammad Jamil Mas'du Shuahani – lebten in dem Dorf Ras a Tira. Die drei anderen kamen aus dem Nachbardorf Wadi a-Rasha. Es waren Adnan Abd el Rahman Daoud Udah, Abd- el Rahim Ismail Daoud Udah und Besasam Salah Abdel Rahman Udah.

Am 12. September 2004 wurde die Klage vom Präsidenten des Obersten Gerichtshofes Israel, von Aharon Barak und seinem Vizepräsidenten angenommen. Man vertagte aber die Beratung, um dem Staat die Möglichkeit zu geben, seine Position darzulegen. Mit dieser Vertagung erleichterte das Gericht den Klägern aber nicht das tägliche Leben …

Der juristische Teil der Klage beruhte auf den Ergebnissen des nicht bindenden Internationalen Gerichtshofes in Den Haag. In diesem Urteil vom 9. Juli 2004 hatte der Haager Gerichtshof erklärt, dass der Bau der Mauer illegal sei, und die Generalversammlung sowie den Sicherheitsrat der Vereinten Nationen aufgefordert, diesem Zustand ein Ende zu bereiten. Zwar schätzte der Anwalt die juristische Bewertung seitens des Haager Gerichtshofes als nicht stark genug ein, zugleich begrüßte er diese Bewertung als solche aber, wurde doch die Frage der Mauer eine internationale und nicht bloß eine Frage von Israel und den Palästinensern.

Aber der Anwalt Michael Sfard blieb innerhalb des Israel Konsensus, denn er stellte die Existenz des Wehrdorfes von Alfei Menashe nicht infrage, das auf dem Boden von Palästina und angrenzend an das Gebiet errichtet wurde, das zu der anderen Seite nach internationaler Jurisdiktion gehörte. Dass diese Siedlung dort nicht hätte entstehen dürfen, das wollte der Anwalt nicht sagen, denn dann hätte er seine Arbeit nicht mehr frei verrichten können.

Der Anwalt der Regierung, Oberst Dany Tirza, stellte die Notwendigkeit der Mauer bei der Verhandlung des Obersten Gerichtshofes vor. Allenfalls räumte er anhand seiner Dokumente und Bilder ein, dass der Raum für die Siedler und die geplante Erweiterung des Wehrdorfes von Alfei Menashe beschränkt werden müsse, weil die Sicherheit des Wehrdorfes selbst sonst bedroht worden wäre. Man habe deshalb ganz selbstverständlich zwei Dörfer von Palästinensern, Arab a Ramadin und Arab Abu Farda, auf die israelische Seite der Mauer gebracht, weil sie zu eng am Highway 55 lagen, der Alfei Menashe mit Israel verbindet. Dass aber der Highway 55 nach internationaler Vorstellung nie unter legalen Voraussetzungen errichtet wurde, wurde ignoriert: Die Straße führt durch ein Gebiet, das Israel nicht gehört. Die Frage, dass Gebiete vereinnahmt und völkerrechtswidrig in Besitz genommen werden, spielte dabei keine Rolle; sondern nur eine sehr interpretationsfähige Frage von Sicherheitsbedenken.

Der Oberste Gerichtshof in Israel verkündete sein Urteil am 15. September 2005. Um international einigermaßen konsensfähig zu bleiben, erklärte der Oberste Gerichtshof seine Nicht-Übereinstimmung mit dem Urteil des Obersten Internationalen Gerichtshofes in Den Haag.

Dennoch verletzte dieser Teil der Mauer Rechte der Palästinenser. So wurden die Autoritäten aufgefordert, die Mauer an dieser Stelle in einer „reasonable time period" umzulegen. Die Besatzungsarmee sollte – das der große Erfolg – zum ersten Mal die Meinung der Bewohner dieser palästinensischen Dörfer hören.

Am 29. August 2007 kam das endgültige Urteil: Es sah einfach vor, dass die drei Dörfer Ras a Tuiram, Wadi a Rasha und al Dab'a wieder zu Palästina gehören sollten, während man die beiden Dörfer im Norden, Araba Ramadin und Arab Abu Farda, wieder auf die israelische Seite der Mauer stellen sollte. Damit würde den Sicherheitsbedürfnissen der illegalen Siedlung Genüge getan und die humanitären Bedürfnisse der palästinensischen Bevölkerung erfüllt, weil sie ihr Land wieder zugeteilt bekommen hatten.

Solange Anwälte in Israel noch die Ungerechtigkeit und Ungesetzlichkeit der Besatzung akzeptieren, solange sie nicht die Demütigung verstehen, die die Palästinenser dadurch erfahren, dass die illegalen Wehrdörfer von vornherein von Israel akzeptiert sind, so lange wird es keinen Frieden geben.

Das System der Willkür und der Unmenschlichkeit kann man genauer erkennen, wenn man sich in die kleine palästinensische Stadt Sheik Sa'ad begibt. Der Ort wurde von seiner Versorgung abgeschnitten, weil die Straße blockiert ist; die Bewohner mit dem orangenen Passport für die Westbank können nicht mehr nach Ost-Jerusalem. Sie leben in einer geschlossenen Zone.

Der Ort mit zweihundert Häusern und Familien ist damit zum Aussterben bestimmt: 25 bis 30 Prozent der Bürger sind schon geflohen, so wie es die israelische Politik auch will. Die Überlebensbedingungen in Sheik Sa'ad sind intolerabel. Der Ort ist belagert, die Kinder können nicht mehr zur Schule in Jabel Mukaber oder nach Jerusalem. Jerusalem war der Ort, wo die Menschen gearbeitet, wo sie eingekauft haben. Sie sagen: „Cutting us off from Jerusalem is like depriving us of air, suffocating us."

Der Ortsvorsteher von Sheik Sa'ad sagt uns: „Im Sommer begann die dramatische Entwicklung, aber niemand war da, um zu schreien. Die israelische Besatzungsmacht stellte hier vier Soldaten der Grenzpolizei Tag und Nacht ab. Jeder wird jetzt bestraft, der die Grenze ohne Autorisierung überquert. Sie, diese Soldaten, sind hier, um uns klarzumachen, dass es das Einfachste für uns ist, hier abzuhauen. Sie können uns das Leben hier so zur Hölle machen, indem sie uns mitten in der Nacht Granaten in das Dorf werfen." Die wenigen, die hier eine blaue Identity-Card haben, also den Staatsbürgerschafts-Titel von Ost-Jerusalem tragen, können noch mit dem Bus oder Taxi nach Jerusalem. Aber die Leute mit der Westbank-Identity, also mit dem orangenen Ausweis, können nur noch nach Jerusalem, wenn sie sich eine besondere Erlaubnis in der Civil-Administration des jüdischen Wehrdorfes in Ma'ale Adumim besorgt haben – ein Ort, der nur über eine abschüssige Straße mit Allrad-Ausrüstung zu erreichen ist. Wenn die Bewohner illegal gehen, etwa fernab der Checkpoints die Grenze überqueren, können sie gefasst werden. Sie werden dann nach Hause zurückgebracht und müssen ein Dokument unterschreiben, dass sie nicht mehr ihre Ortschaft verlassen. Werden sie ein zweites Mal gefasst, müssen sie 1000 Shekel (= 200 Euro) zahlen oder sogar ins Gefängnis gehen.

Nach dem Krieg 1967 wurden sechs Dörfer in der Nachbarschaft von Jabel Mukaber nach Jerusalem eingemeindet. Nur Sheik Sa'ad war nicht dabei. Warum geschah das? Der Vorsteher des Dorfes sagt, er habe nie eine befriedigende Erklärung dafür bekommen.

Die Mauer wurde nach den politischen Plänen der israelischen Regierungszentren benutzt, um mehr Land zu absorbieren für neue Siedlungen.

Als sich die Mauer schon weit im Bau befand, gelang es von palästinensischer Seite einen Tunnel unter der Mauer auf Höhe des Kibbuz Kerem Shalom zu errichten. Ein Gang von etwa 790 Metern Länge. Am 25. Juni 2006 kam es in dem friedlichen Kibbuz zu einem blutigen Gemetzel. Acht palästinensische Kämpfer gelangten durch den bis dahin unentdeckten Tunnel auf die israelische Seite, brachen in den Kibbuz ein und attackierten israelische Soldaten. Sie versuchten einen Wachtturm niederzureißen, wurden aber zurückgeworfen. Am Ende wurden zwei der Palästina-Kämpfer sowie zwei israelische Soldaten getötet, fünf verwundet; der gerade neunzehn Jahre alte Corporal Gilad Shalit wurde gekidnappt und nach Gaza gebracht. Bis Juni 2010 ware er Gefangener der Hamas.

Wie immer kannte Israel nur eine Antwort: Mit dem ganzen Arsenal seiner Waffen und seiner Waffentechnologie auf Gaza einzuschlagen. Das Ziel der Operation: Die Angreifer von Kerem Shalom zu fangen und den israelischen Soldaten zurückzubringen. Dafür wurden 214 Palästinenser getötet, die meisten von ihnen waren Zivilisten. Das einzige Stromkraftwerk von Gaza wurde zerstört, das Strom für die Hälfte der Region lieferte, ferner drei Brücken. Israelische Bomben und Raketen zerstörten Administrations- und Universitätsgebäude, Gebäude der Gewerkschaften, Werkstätten und Geschäfte. Mehr als 60 Hamas-Offizielle sowie 29 Abgeordnete des palästinensischen Parlaments wie auch 8 Minister wurden von der israelischen Armee festgenommen und abgeführt. Nur eines wurde nicht erreicht: das eigentliche Ziel der Aktion.

Das Beispiel zeigt, dass die Mauer alles andere als ein friedenstiftendes oder gar versöhnendes Instrument ist. Zugleich geht Israel mit dieser Augenwischerei weiter – die offizielle Sicherheitsdoktrin in Israel lautet: Wir müssen alles tun, damit keiner mehr die Stimme erhebt und uns kritisiert. Der Minister für Öffentliche Sicherheit, Avi Dichter, sagte kurz nach dem Gaza-Entführungsfall: „Sie dürfen nie vergessen, dass hier im Mittleren Osten die einzige vernünftige Taktik darin besteht, die Feinde zu entmutigen". Er bezog sich in einem Gespräch mit dem französischen Reporter Rene Brackmann auf ein Beispiel an der Nordgrenze. „Immer wenn die Hisbollah eine Katyoucha-Rakete nach Galiläa abfeuert, dann antworten wir mit einem Luftschlag und Artillerie-Attacken. Als Resultat verstehen sie sehr gut, wie weit sie gehen können."

Fünf Tage nach diesem Gespräch betraten Hisbollah-Kämpfer den Boden Israels, und entführten zwei israelische Soldaten. Dafür wurde dann der Libanon-Krieg über 34 Tage lang geführt. In diesem Krieg wurden 391,4 Meilen Straße bombardiert und zerstört, 32 Tankstellen, 145 Brücken, 900 Fabriken und zahllose Geschäfte und Werkstätten dem Boden gleichgemacht. Nach Schätzungen der UNDP gehen die Kosten für die Zerstörungen in die Höhe von 3,6 Milliarden US-Dollar. Die Kosten für den Wiederaufbau schätzt man auf 15 Milliarden US-Dollar.

Wie janusköpfig der israelische Umgang mit den eigenen Sicherheitsbedenken und den Palästinensern ist, sieht man in Eshkolot, einer kleinen Siedlung, die eigentlich von der Mauer umspannt und nach Israel geholt werden sollte. Inzwischen hat sich dort ein halbillegaler Umschlagplatz für Palästinenser entwickelt, die man als billige Arbeitskräfte in Israel braucht. Über diese Verbindung und Kreuzung der Autostraßen 358 und 3255 werden Tag für Tag viele Minibusse nach Israel hinein- und wieder aus Israel herausleitet. Die Leute, die man hier sieht, kommen aus dem Süden der Westbank. Einige der Busse fahren sogar bis nach Hebron. Die israelischen Unternehmer profitieren von der ausweglosen Situation der eingeschlossenen Bevölkerung: Sie können diese palästinensischen Arbeiter zu einem sehr niedrigen Lohn anheuern. Wenn man sich die sonst so großartigen Sicherheitsbedenken zu Gemüte führt, ist es schon ein bisschen überraschend, hier so viele Palästinenser-Arbeiter über Eshkolot in israelischen Minibussen herumfahren zu sehen.

Die Bildung und der Aufbau von Wehrdörfern, die man etwas neutralisierend und verharmlosend „Siedlungen" – „settlements" – nennt, begann am 14. Juni 1967, als der damalige Verteidigungsminister Allon seinen nach ihm benannten Plan entwarf. Zwei Tage vor dem 14. Juni 1967 feierte der Generalstabschef der israelischen Armee Yitzhak Rabin seinen Sieg im Sechs-Tage-Krieg, als der General Allon Arbeitsminister wurde und seinen Plan entwarf für den Aufbau von Siedlungen in dem Gebiet, das man dann israelisch „the territories" nannte. Über einen Monat später stellte er am 26. Juli 1967 seinen Plan dem israelischen Kabinett vor, das damals noch von der Israelischen Arbeiterpartei beherrscht wurde. Er plante, eine Zone von sechs bis sieben Meilen entlang des Jordans an Israel zu annektieren und dieses Territorium für Wehrdörfer und militärische Basen zu reservieren. Den Rest der Westbank, mit Ausnahme von ganz wenigen strategischen Zonen, würde er Jordanien wieder zurückgeben.

Dieser Plan wurde nie durchgeführt, aber er diente als Plattform, um dieses Gebiet für strategische Zwecke einzuspannen. Zu gleicher Zeit erstarkte die extreme, radikal-jüdische Organisation Gusch Emunim unter ihrem Führer, dem Rabbi Zvi Yehuda Kook. Diese radikal-religiöse Bewegung hatte eine viel umfassendere Vorstellung von Landbesitznahme. Für sie war der Sieg Israels im Sechs-Tage-Krieg 1967 der „Beginn der Erlösung", der erste Schritt, das größere Jerusalem einzunehmen, die Erlaubnis, überall Juden anzusiedeln in dem, was die radikal-jüdische Bewegung „das größere Land von Israel" nannte.

Die Regierung und die Gusch-Emunim-Bewegung arbeiteten Hand in Hand miteinander. Der Jordan-Graben, die Region Gush Etzion im Südwesten von Jerusalem und die Hügel um Hebron herum waren von der Arbeits-Partei als Siedlungsgebiete ausgewählt. Und die Führer der radikal-jüdischen Bewegung Gusch Emunim konzentrierten ihre Bemühungen auf den Hügeln und Bergen vom Norden zum Süden im Zentrum der Westbank – also genau da, wo die Mehrheit der Palästinenser lebte.

Die Bewegung ging offen ihren Plänen nach. Warum? Weil niemand von den befreundeten Regierungen, weder in den USA noch in Kanada, noch in Europa, noch in der Sowjetunion dagegen Einspruch erhob und davor warnte, dass Israel damit den Rubikon zum Illegalen und völkerrechtlich nicht Erlaubten überschreite. Niemand hat damals protestiert.

Die Einigkeit mit der fanatischen religiösen Rechten war umfassend. Im Dezember 1975 hatten die Jünger der Bewegung sieben Wehrdörfer auf den Hügeln um Nablus gebaut – allerdings noch ohne offizielle Genehmigung; die folgte aber ohne große Verzögerung vom damaligen Verteidigungsminister Shimon Peres; er erteilte auch gleich die Erlaubnis für den Bau eines weiteren Wehrdorfes fünf Kilometer westlich der palästinensischen Stadt Qadum, das sich nun zur großen Qadumim Wehrdorf-Siedlung entwickelt hat. Als die radikal-jüdischen Siedler ein Arbeitslager im Norden von Jerusalem eröffneten, wurde ihnen das ebenso erlaubt: Es wurde das „Ofra Settlement" mit 2200 Bewohnern. Im Westen der palästinensischen Stadt Salfit unternahmen sie „archäologische Grabungen" und machten daraus das Wehrdorf Shilo mit 2000 Siedlern.

Insgesamt baute Israel (bzw. ließ bauen) vonseiten seiner verschiedenen Regierungen in der Zeit von 1967 (nach dem Sechs-Tage-Krieg) bis zum Mai 2006, als Ehud Olmert die Regierungsgeschäfte von Ariel Scharon übernahm, mehr als 160 Wehrdörfer in der Westbank. Im Gazastreifen entstanden 21 solcher kleinen Siedlungen, wo auch „nur" 8000 Israelis lebten. Allenfalls diese 21 Wehrdorf-Siedlungen wurden 2005 aufgelöst – ein Schritt von eher kosmetischer Dimension, immerhin waren die Siedlungen sehr isoliert und äußerst klein.

Im Juli 2007 war die Gesamtzahl der Siedler, die sich völkerrechtswidrig auf palästinensischem Gebiet ausbreiteten, auf 450.000 gewachsen, eingeschlossen die 190.000 israelischen Juden, die schon in den zehn „urban settlements", also den städtischen Siedlungen in Ost-Jerusalem wohnten. Auch diese sind dort illegal, denn Ost-Jerusalem sollte ja nun nach allen Plänen und Entscheidungen der Internationalen Staatengemeinschaft zu einer Hauptstadt des anderen, des zweiten Staates werden. Für die Siedlungen wurde hemmungslos und trickreich Land durch die israelische Armee konfisziert. Die unrechtmäßige Landnahme wurde schon früh grundgelegt, 1977 erfuhr die Praxis einen Aufschwung, als Likud-Führer Menachem Begin an die Macht kam.

Es gab damals eine doppelte Strategie in der Siedlungspolitik. Die eine wurde vertreten von Mattiyahu Drobless von der Welt-Zionisten-Organisation. Er machte den Vorschlag, die Siedlungen noch schneller aufzubauen, um das Westbank-Territorium ganz zu vereinnahmen. Von dieser Stunde an waren die Gebiete nicht mehr die Westbank oder das Westjordanland, sondern Judäa und Samaria.

Der zweite Plan kam aus der Feder des damaligen Landwirtschaftsminister Ariel Scharon, der alle Gebiete auf der Karte markierte, die für Israels Sicherheit relevant wären. Er ließ eigentlich nur die großen, dicht besiedelten palästinensischen Orte als Enklaven übrig. Als er schließlich Ministerpräsident wurde, ließ er die Katze aus dem Sack; bei einer Versammlung mit israelischen Bauern erklärte er: „Wir müssen vorangehen in der Weise, dass die jüdische Bevölkerung in den Territorien verstärkt wird. Deshalb wollen wir die Siedlungspläne vorantreiben."

Die israelische Armee konfiszierte Tausende Hektar palästinensisches Land und übergab es den künftigen Siedlern. In den Hügeln und Bergen erwuchsen bald größere Städte mit uniformierten Beton-Häusern, manchmal mächtig wie Burgen gebaut, die über die palästinensischen Dörfer und Lokalitäten wachen sollten.

Oslo und die Protokolle, die daraus als die große Hoffnung entstanden, haben diese Bewegung der illegalen Landnahme und des Landdiebstahls nie auch nur eine Stunde unterbrochen. Israel war und blieb vertragsbrüchig. Im Artikel XXXI, Kapitel 7 der Oslo-Verträge II heißt es eindeutig: „Keine Seite soll irgendeinen Schritt unternehmen, um den Status der Westbank oder den Gazastreifen zu verändern, dessen endgültiger Status in künftigen Verhandlungen bestimmt wird."

Leider nahm keine israelische Regierung diese Bestimmung ernst, ja auch – man darf sich da keinen Täuschungen hingeben – die Regierung von Yitzhak Rabin nicht, der am 4. November 1995 ermordet wurde.

Es gab mittlerweile auch demographische Gründe für die Siedlungen: Während sich die Geburtenrate in Israel seit 1994 zwischen 1,8 und 3 Prozent bewegte, wurde sie für die Siedlungen auf 8,9 Prozent gemessen. Zwischen den Oslo-Verträgen – als alle Welt und ich selbst dachten, Israel wolle jetzt unbedingt ein friedliches Übereinkommen mit den Palästinensern – und dem Scheitern der Verhandlungen in Taba im Januar 2001 reduzierte sich die Zahl der Siedler nicht nur nicht. Im Gegenteil! Es waren 81.000 Siedler, die in dieser Zeit in die Westbank aufbrachen und sich mit Unterstützung der israelischen Regierung dort niederließen. Ebenfalls nahmen

30.000 Siedler die großartigen finanziellen Bedingungen an, mit denen sie in die „städtischen Siedlungen" in Ost-Jerusalem gelockt wurden. Insgesamt lag die Zahl der Siedler damals, im Jahr 2001, noch bei 191.000. Die Zahl der Israelis, die nach Ost-Jerusalem durch gute finanzielle Bedingungen gelockt wurden, betrug zu diesem Zeitpunkt schon 177.000, als Scharon die Amtsgeschäfte von Barak im März 2001 übernahm. Drei Jahre später waren es 190.000.

Die Zahl der Siedler in der Westbank stieg noch einmal von Dezember 2007 bis Dezember 2008 von 276.100 auf 289.600. Ein Bericht aus der ersten Hälfte von 2009 bezifferte die Zahl der Westbank-Siedler bereits auf 300.000.

Als US-Präsident Obama im Juni 2009 in seiner Rede in Kairo den Stopp des weiteren Siedlungsbaus forderte, dachte alle Welt, dachte auch ich, das sei ja nun das Mindeste, was Israel als Zugeständnis leisten müsse. Denn es ist ja keine Konzession, auf etwas Illegales zu verzichten. Aber selbst das konnte der mächtigste Mann der Welt, Barak Obama, nicht durchsetzen.

Recht und Gerechtigkeit wird es erst dann geben, wenn das Sicherheitsbedürfnis Israels, die „demands of security", nicht über allem Völkerrecht steht.

Zwischen Zerrissenheit und Lichtblicken
Hebron: Stadt der Anfeindungen und des Aufbruchs

„Die Ermordung meiner Onkel und Tanten durch die SS – gibt sie dem Staat Israel das Recht, seit 40 Jahren die Diktatur eines Besatzungsregimes auszuüben? Die Erschießung meiner Großmutter Hanna dafür, dass sie in Berlin ohne Gelben Stern zum Friseur ging – gibt sie dem Staat Israel aktuell das Recht, die Bevölkerung Gazas auszuhungern? Allgemein: Gibt die Tatsache, dass wir europäischen Juden Opfer eines großen Unrechts wurden, dem jüdischen Staat vor Gott und vor den Menschen das Recht, nun Anderen Unrecht zu tun?"
Rolf Verleger
Leserbrief in der Süddeutschen
Zeitung, 9. Februar 2008

Die Palästinenser haben viel aushalten müssen. Die Rede war immer von dem, was Einzelne von ihnen an schrecklichen Attentaten in Israel verübt hatten. Keine Frage – das wird niemals in der Welt zu billigen, sondern nur heftig zu verurteilen sein. Dennoch: Die Araber hatten es von allem Anfang an sehr schwer. Und wenn ich hier jetzt Araber sage, meine ich die Palästinenser.

Sie wurden – bereits Martin Buber hat das gesehen und erkannt – als minderbemittelte Minderheit eingeschätzt. Auch der boomende Wohlstand des neuen Israel mit den vielen Arbeitsplätzen in Bauindustrie und Landwirtschaft brachte ihnen keine Verbesserung in der Wertschätzung: Sie sollten doch zufrieden sein, es gehe ihnen doch in der Regel besser als ihren Landsleuten im Libanon, in Ägypten, im Königreich Jordanien, im Irak. Und zwar sowohl was den Wohlstand als auch was die demokratischen Rechte angeht.

1962 brachte die französische Tageszeitung „Le Figaro" ein Interview mit dem Staatsgründer und Ministerpräsidenten David Ben Gurion. Ben Gurion sagte darin: Die Araber, die in Israel geblieben sind, hätten viel bessere wirtschaftliche, rechtliche und soziale Zukunftschancen. Ihnen gehe es besser als ihren Geschwistern in den umliegenden arabischen Ländern.

Das war wiederum für die Freunde Martin Bubers in der Organisation Ichud ein wichtiger Anlass, dem Ministerpräsidenten klar zu widersprechen. Die Presseerklärung brachte Ha'aretz am 26. Januar 1962. Die Erklärung wiederholt noch mal wörtlich das, was Ben Gurion der französischen Öffentlichkeit gesagt hatte. Die Araber erfreuen sich „besserer wirtschaftlicher, sozialer und Bildungsverhältnisse als in jedem arabischen Land – und trotzdem hegen sie Groll und Hass gegen Israel". Dazu bemerkt Martin Buber: Herr Ben Gurion habe wohl vergessen, „was wir aus Geschichte und Ideologie der zionistischen Bewegung gelernt haben. Nämlich, dass man selbst zugunsten ausgezeichneter wirtschaftlicher und Bildungsverhältnisse weder individuell noch national auf ein Leben der Gleichberechtigung und Würde verzichtet. Das sollten wir Juden besonders klar erkennen. Bei der Ausrufung des Staates Israel in der Unabhängigkeitserklärung wurden allen Bewohnern und Bürgern Israels, gleich welcher Religion, Ethnie und Rasse sie seien, volle Gleichberechtigung ohne Diskriminierung versprochen. In den vergangenen dreizehn Jahren hat die Regierung jedoch Gelegenheiten verpasst und Dinge getan, die bei der arabischen Bevölkerung den Eindruck erwecken mussten, sie seien Bürger zweiter Klasse". Die Ichud und Buber dringen darauf, dieses Versprechen jetzt endlich – 1962 – einzulösen, sämtliche bestehenden Einschränkungen ihrer (der Palästinenser) Rechte aufzuheben, „darunter in erster Linie die Militärverwaltung".

Das war 1962! Als dem weltberühmten Musiker, Dirigenten und Pianisten Daniel Barenboim der Jerusalem-Preis überreicht wurde, wollte er diese Forderung von Buber noch einmal hochhalten. Da brach in Jerusalem aber ein Sturm der Entrüstung aus, der sogar zu Unhöflichkeiten wie dem Verlassen des Saales führte, in dem Barenboim ausgezeichnet wurde.

Welche Würdelosigkeit die Palästinenser noch heute erfahren, wird in Hebron deutlich. Es wird hier wegen des vermeintlichen Bedürfnisses, eigene Gottesdienste in der alten Geburtstätte Abrahams abzuhalten, eine ganze große arabisch-nahöstliche Bazar- und Heiligtumsstadt im tiefsten Inneren total zerstört. Die geschichtsträchtige und religionsgeschichtlich wichtige Stadt ist wie Jerusalem für alle drei abrahamitischen Religionen von Bedeutung. Aber in Hebron herrscht eine Politik der Besatzungsmacht Israel, die mit zu dem Schlimmsten gehört, was sich der Staat Israel bisher an Unrecht selbst zugefügt hat. Heiligkeits- und Anbetungsrechte im Rahmen der eigenen Religion kann man nicht mit Waffengewalt und dem Aufmarsch von Armeen und Panzern durchsetzen. Das verbietet sich von selbst.

Nun will ich als Christ das nicht zu laut herausbrüllen, wir haben auch schmerzliche Erfahrungen in den vergangenen Jahrhunderten mit Missbrauch im Namen Gottes und der Religion machen müssen. Aber der Islam und das Judentum werden dort in eine Frontstellung durch den Staat Israel und durch die Billigung dieses Verhaltens von Seiten der USA und der EU gebracht, dass man nur von einem von oben organisierten, blasphemischen und verbrecherischen Gegeneinanderleben reden kann.

Besonders im Jahr 2006, bei meinem letzten Aufenthalt in Hebron, musste ich diesen Streit und die Anfeindungen erleben. Wie schlimm die Lage ist, macht Monica Leva mit ihrer Arbeit deutlich – die junge Spanierin engagiert sich in Hebron in einem Programm, bei dem sie palästinensische Kinder von der Schule nach Hause bringt; die Kinder meistern so den Schulweg, andernfalls werden sie – wie auch bisweilen die Helfer – mit Unrat beworfen und belästigt.

Die Hauptstraße im altehrwürdigen Bazar wirkt wie ausgestorben. Touristen trauen sich da in der Regel gar nicht mehr hin. Eisengitter spannen sich über diese Straße und fangen den Abfall und den Dreck auf, der von jüdischen Besatzern aus besetzten Häusern heruntergeworfen wird, um die Umgebung zu verschmutzen.

1997 wurde ein Abkommen geschlossen, das nie hätte geschlossen werden dürfen, zwischen der Regierung Netanyahu und der Palästinensischen Autonomiebehörde: Darin wurde Hebron geteilt in einen arabischen Teil, der von der Palästinensischen Behörde verwaltet würde (H1), und einen jüdischen Sektor, der von der israelischen Armee organisiert und kontrolliert wird (H2). Im arabischen Teil leben 120.000 Palästinenser. Im jüdischen Teil, der die Altstadt und das alte Bazarviertel umschließt, leben maximal 500 Juden und 30.000 Araber. Um Auseinandersetzungen und Übergriffe zu vermeiden, hat Israel strengste Regeln der Separation zwischen den beiden Bevölkerungsgruppen errichtet und die Bewegung der Palästinenser im jüdischen Sektor strikt begrenzt.

In der Shuhada, der Straße, die durch den alten Bazar bis zum Grab Abrahams zieht, gähnen uns geschlossene Geschäfte und Läden auf beiden Seiten an. Der Bazar der Altstadt Hebrons ist leer. Bereits Ende 2006 haben B'tselem und die Assoziation für Menschenrechte in Israel in einer Erhebung gezeigt: 1829 palästinensische Geschäfte wurde seit 1997 geschlossen. Das sind 75 Prozent der gesamten Geschäfte in der Stadt. Mehr als tausend Häuser wurden wegen der militärischen Beherrschung des Viertels verlassen. 40 Prozent der arabisch-palästinensischen Bewohner haben dieses Gebiet verlassen.

Alles geschieht in Hebron mit Duldung des Staates Israel, ja geradezu unter staatlicher Organisation des Gemeindelebens. Der Begriff Apartheid ist für diesen Zustand noch zu milde.

Ich habe mir bei meinem letzten Besuch in Hebron geschworen, ich kann diese Stadt nicht wieder als Polittourist betreten. Ich kann auch nicht mehr als Journalist dorthin gehen. Im Dezember 2003 habe ich eine Situation erlebt, wobei mir der Glaube, mein eigener Glaube, nahezu aus dem Innersten der Seele herausgewrungen wurde. Wie kann das möglich sein?

24 betende Menschen, Muslime, wurden in einem Massaker einer Moschee ermordet – und man geht gleich wieder zur Tagesordnung über. Derjenige, der den Anschlag verübt hat, war der US-jüdische Arzt Dr. Baruch

Goldstein. Er war aus den USA gekommen, um hier seinem religiösen Fanatismus zu frönen. Goldstein hatte in der Ibrahim(Abraham)-Moschee, auf dem Boden von Abrahams, unser aller Vater Grab, mit einer Maschinenpistole und drei Magazinen einen furchtbaren Mord verübt. Mitten in der Moschee war dies ein Mord, der darauf angelegt war, die Muslime von diesem Ort zu vertreiben.

Wie man behaupten kann, eine Verbindung zu dem allergütigsten und allergerechtesten Gott zu pflegen, und sich gleichzeitig mit Feuer und Schwert in den Besitz eines solchen Ortes bringen kann, wird mir Zeit meines Lebens unverständlich bleiben

Goldstein war wohl Anhänger der radikalen Siedlungsbewegung Gusch Emunim. Diese Leute von Gusch Emunim bestanden darauf, den Platz in der Moschee Abrahams weiter zu besetzen und so vor den „Ungläubigen" zu bewahren. Der Zugang zur Moschee ist jetzt martialisch gesichert: Es werden die Muslime auf der einen Seite, die Juden auf der anderen Seite durch ein Metallgitter und durch eine elektronische Warnanlage getrennt und durchsucht. Dasselbe wird auch Besuchern zugemutet. Die Soldaten, die wir sprechen konnten, wirkten bedrohlich. Einer sagte zu uns, sie seien sicher, dass niemand außer den ca. 500 Juden in Hebron ein Recht habe, hier zu leben, Handel zu treiben und zu arbeiten. Einer der Soldaten behauptete, Hebron sei seine Stadt, seit 2000 oder gar 4000 Jahren sei das eine Stadt der Juden. Kein Araber damals weit und breit. Er schrie es geradezu. Wenn es schon so anfängt mit dem Anspruch auf Land und Boden, dann sind Mord und Todschlag zwangsläufig die Folge. Denn solch eine Mentalität endet, wenn nicht jemand dazwischentritt, jedes Mal in Krieg,

Hass, Abneigung, Mord und Totschlag – mit der ganzen Lust der manisch betriebenen Rechtfertigung, dass man hier als Jude auf seinem seit Jahrtausenden angestammten Boden steht, sitzt und arbeitet.

Die humanitären Arbeiter der spanischen Organisation International Palestinian Youth League, die wir trafen, berichteten uns, dass die Menschen in dieser Stadt ohne jede Freude aufwachsen würden. Eine Erzieherin, die hier für drei Monate arbeitete, sagte uns, dass es hier das ungezwungene, fröhliche Lachen von Kindern nicht mehr gebe. Die Kinder hätten ja auch kaum etwas zu lachen. Sie lebten – so zeigte uns die Spanierin Monica Leva auf der Landkarte – etwa 40 km vom Meer entfernt und hätten nicht die Möglichkeit, das Meer einmal zu sehen.

Aber auch Touristen müssen diese massiven Einschränkungen seitens des israelischen Staates hinnehmen: Bei einer Reise im April 2004 mit dem deutschen Politiker Norbert Blüm erfuhren wir: Der Staat Israel habe aus reiner „Fürsorglichkeit" verboten, dass sich Touristen auf der Westbank umsehen. Sie dürfen sich „eigentlich" nicht mehr in den besetzten Gebieten aufhalten, weil sie angeblich von Arabern umgebracht würden.

Es steckt doch in diesem Land viel mehr als nur Streit und Zorn! Nämlich Zukunft! Zu einem Arbeitsbesuch auf „unserem" Berg Daher und zu einer Lesung im Goethe Institut kam ich 2010 nach Ramallah. Wenn man die Dankbarkeit von Daoud Nassar erlebt, dem wir auf seinem Weinberg eine Solaranlage eingerichtet und am 3. Februar 2010 eröffnet haben, dann weiß man, was man da tut. Und wenn man die Dankbarkeit der 900 Schülerinnen und Schüler in der besten Schule in Palästina erlebt, der von der Evangelischen Kirche unterhaltenen und der Bundesregierung unterstützten deutschen Auslandsschule Talitha Kumi, dann weiß man es auch.

Mut hat uns der Brief gemacht, den die „Grünhelme" aus dem Bundeskanzleramt bekamen. Im Auftrag der Bundeskanzlerin schrieb uns am 29. März 2010 ihr Außenpolitik-Berater Dr. Christoph Heusgen: „Die Begegnungsstätte Tent of Nations ist in der Tat ein bemerkenswertes Projekt, dem ich auch für die in Zusammenarbeit mit der Talitha Kumi Schule geplante Einrichtung zur beruflichen Bildung Erfolg wünsche."

Das schlug in Tel Aviv und Ramallah ein wie eine Bombe: ein so optimistischer und zuversichtlicher Ton, ein so freundlicher Brief, der dieses Unternehmen aus der Warte eines der mit Israel am besten verbündeten Länder darstellte – das verheißt uns: Es wird gelingen! Und der Startschuss für den Bau eines Internats, zwei Werkstatthallen und eines Lehrerwohnheims ist nun auch gefallen. Der Berg ist groß genug, die Gebäude zu beheimaten.

Wir haben für die Berufsschule zwei Namen ausgewählt, die uns Mut machen sollen. Einmal möchten wir die Schule „Nelson Mandela Vocational Centre" nennen. Zum anderen möchten wir sie „Das Licht der Welt" nennen, weil wir ja jetzt vom Sonnenlicht dort nicht mehr abgeschnitten werden können. Daoud Nassar, unser junger (er wird in diesen Tagen 40 Jahre jung!) palästinensischer Freund, hat sich das Motto aus dem Matthäus-Evangelium (5,14–16) ausgewählt: „Ihr seid das Licht der Welt. Es kann die Stadt, die auf einem Berge liegt, nicht verborgen sein. So soll euer Licht leuchten vor den Menschen."

Sicherheitsdenken mit Mauern und Grenzen
Wann öffnet sich Israel zur Welt?

„Eines habe ich in meiner langen politischen Arbeit
gelernt: Die Bundesrepublik Deutschland darf keine
Waffen in den Nahen Osten exportieren, weder an
arabische Staaten noch an Israel. Jede andere Politik
führt ins Desaster."

Hans Jürgen Wischnewski, 1989

Der Palästinakonflikt ist mehr als der Palästinakonflikt.
Er ist ein – wenn nicht *der* – markanteste Weltkonflikt,
den wir heute erleben. Diesen Konflikt kennt jeder kleine
Landwirt am Hindukusch, diesen Konflikt kennen die
Reisbauern auf Sumatra und auf Java. Überall in der islamischen Weltgemeinschaft ist das der entscheidende Eck-
stein, an dem klar wird: Der Westen ist nicht an Recht
und Gerechtigkeit gegenüber den Arabern interessiert,
sondern er geht einseitig zugunsten von Israel vor, er
bricht das Recht in Israel, es macht ihm nichts aus, das
zu tun.

Wenn sich die Weltgemeinschaft weiter auf eine einseitige Bindung und Zustimmung der Politik Israels einlässt,
kommt sie auf einem völkerrechtlichen Holzweg direkt in
eine Sackgasse.

Blicken wir in das Jahr 1967. Bereits unmittelbar nach der
Eroberung und Besetzung fremder Gebiete begann Israel
auf den Golan-Höhen mit der Umsetzung der Idee,
Wehrdörfer zu errichten. Ein Tagebucheintrag des dama-

ligen israelischen Landwirtschaftsministers Chaim Gvati lautet: „Der Ministerpräsident bat, Material über Siedlungsmöglichkeiten in den verwalteten Gebieten vorzubereiten."

Die ersten Vorstöße machten Leute vom Kibbuz Ne'ot Mordechai, die sich aufmachten mit Essen, Matratzen, Waffen, Genehmigungen, Wassertank, Zigaretten, Hammer, Beißzange, Rohrzange. Die Gruppe entschied sich am 17. Juli 1967 für das verlassene Militärlager Aleika. Sie nannten den Ort Merom Golan. Nach einem Jahr lebten dort 169 Mitglieder. Andere „Vorposten" (das Wort bürgerte sich auch ein) wurden auf den Golan-Höhen errichtet. Als Begründung wurde eine eindrucksvoll-pathetische Formulierung gewählt: „Dieses Land gehört uns. Wir haben gelernt, dass Land durch drei Dinge erworben wird: Tränen, Blut, Schweiß. Wir haben Tränen vergossen, wir haben Blut vergossen. Heute haben wir begonnen, unseren Schweiß zu vergießen, um uns dieses Land für immer zu eigen zu machen."

Grotesk wirken diese Worte, wenn man bekenkt, dass dies immer mit der Zerstörung von den ursprünglichen Dörfern einhergeht. Das Militär hatte erst den Ort Banias verwüstet. In den folgenden Monaten wurde auf den Golan-Höhen circa hundert weitere Dörfer systematisch zerstört.

Aber es gab drei Monate später schon in der Regierung Israels die klare Anweisung und fachliche Einschätzung: Das Bauen von Siedlungen ist illegal. In einem streng geheimen und für die israelische Regierung peinlichen Rechtsgutachten kam der Rechtsberater des Ministerpräsidenten, Theodor Meron, zu dem Ergebnis: Die Besiedlung von besetzten Territorien durch Zivilisten verletze das Völkerrecht. Gemäß Artikel 49 der 1949 ratifizierten Vierten Genfer Konvention darf eine Besatzungsmacht „keine Zivilisten ihres eigenen Landes in die besetzten Gebiete verschleppen oder verschicken". Sogenannte Siedlungen, so der Rechtsberater Meron, dürften nur auf kurze Zeit von der Armee für ihre Militärs errichtet werden und deshalb eben auch nur provisorisch angelegt sein. Denn eine Besatzung muss ja möglichst schnell zurückgenommen oder aufgegeben werden. Es müsste auch Rücksicht auf Besitztitel genommen werden. Diese Beschränkungen – so Theodor Meron in seinem Gutachten weiter – würden vor allem für die Golan-Höhen gelten, die zweifellos besetztes Gebiet seien.

Hätte man sich damals an diese Rechtsvorgaben gehalten, wäre die Geschichte des Raumes anders verlaufen und wir wären dem Weltfrieden näher. Wir hätten keinen Palästinakonflikt. Wir hätten zwei Völker, die zu verlässlichen Partnern der Weltgemeinschaft und Weltwirtschaft geworden wären: Die Israelis und die Palästinenser.

Aber das hat man nicht. Und man versteht nicht, weshalb sich Israel so jeder internationalen Rechtsbeurteilung entziehen möchte. Niemals eine internationale Kommission, niemals internationale Vorschriften, niemals UN-Resolutionen akzeptieren.

„Nachbarn" – das war und ist das Wort, das ich schmerzhaft vermisse. Nie verstanden die Israelis die Araber als Nachbarn. Zwar gibt es wenige Ausnahmen wie etwa der israelische Diplomat Michael Elizur – eine Änderung der Verhältnisse haben sie aber nicht herbeigeführt. In der Mehrzahl der israelischen Publikationen werden so schreckliche Vorurteile gegen „die" Araber geschürt und verbreitet, dass man sich an den Kopf fasst. Wir haben uns immer wieder bemüht, diese Menschen zusammen-zubringen. Aber irgendwann hat Israel den Riegel davor-geschoben. Jetzt kann es nicht mal mehr zu den einfachs-ten Begegnungen kommen. Nicht einmal eine nur von und aus der Versöhnung mit Juden lebende Professorin für Biologie und Palästinenserin wie Somaya Ferhat-Nas-sar kann in unseren Tagen einfach nach Jerusalem reisen.

Auch nicht Faten Mukarker, die einmal – beim Aus-bruch des Libanonkrieges 2006 – von dem Bayerischen Rundfunk zu einer Gesprächsrunde nach München einge-laden wurde. Faten Mukarker ist eine unerhört liebenswür-dige Frau, die mit ihrer Familie in einem Haus mitten in Beit Jala wohnt, einem Vorort unweit von Bethlehem. Sie musste am Telefon nur lachen: Wie soll sie das denn ma-chen – morgen nach München kommen? Wenn sie sich jetzt auf den Weg machen würde, wäre sie übermorgen si-cher nicht in München. Denn sie muss als Palästinenserin tatsächlich erst nach Jericho. Dort muss sie sich den Schein ausstellen lassen, dass gegen sie nichts vorliegt; und infolge von weiteren Unwägbarkeiten können aus zwei Tagen Reisedauer auch schnell 58 oder 62 Stunden werden.

Damit war die Anfrage des Bayerischen Rundfunks aber noch nicht erledigt. Man hat ihr am Telefon gesagt, dass auch Avi Primor, der frühere Botschafter Israels in Deutschland, zur Sendung von Israel nach Deutschland komme. Die Idee war, ob Primor sie – die Palästinenserin Faten Mukarker – nicht mitnehmen könne über Tel Aviv? Da musste sie lächeln, dann auch richtig lachen: Ja, dann versucht das mal schön … Gesagt, getan. Die Bayern rie-fen bei Avi Primor in Israel an, wo er sich ausnahmsweise aufgehalten hatte. Und Avi Primor machte aus dem Mitnehmen von Faten Mukarker eine sportliche Leistung. Aufgrund dieser individuellen Gunst und Gnade kam sie nun also mit und wieder zurück nach Israel. Ein Glücksfall, der nur durch Privilegien möglich wurde. Unbeschränkte Reisemöglichkeiten? Für die überwiegende Mehrzahl der 4,5 Millionen Palästinenser nicht möglich.

Die paranoiden Einreisebeschränkungen habe ich selbst erfahren müssen. Avi Primor versteht das auch nicht, oder er will es aus Resignation nicht verstehen, dass man von diesen Bedingungen wegkommen muss – ein Umgehen mit Privilegien führt nicht weiter. Ich hatte 2008 einen Termin mit ihm in Tel Aviv. Nun hatte ich es aber nicht geschafft, mir für Israel und meinen Flug nach Tel Aviv und die Ankunft dort wie immer üblich einen neuen Pass zuzulegen. Denn längst gilt das Dilemma für die Pässe nicht nur für die arabischen Staaten (wenn man einen Israel-Stempel da drin hat), es gilt auch für Israel, wenn man mit einem Pass kommt, der unliebsame Visa-Stempel aufweist. Ich habe in den drei bis vier Pässen, die ich meistens hatte, immer Stempel und Eintragungen, die israelischen Grenzkontrollbeamten die Haare zu Berge stehen lassen: Afghanistan, Islamische Republik Iran, Islamische Republik Pakistan usw. Und dann wird man erst mal aus der Schlange herausgeholt und mit Standardfragen konfrontiert: Wie ich denn meinen Lebensunterhalt in Deutschland verdiene? Alles nur so dummes Zeug. Mir geht es in dem Kabuff, in dem alle zusammenkommen, die da beim ersten Zugriff abgelehnt werden, noch gut. Ich weiß, dass ich reinkomme – das können die anderen leider nicht von sich behaupten, die allein schon dadurch auffallen, dass sie einen arabischen Namen und eine arabische Geburtsstadt haben.

Als ich nach drei Stunden herauskam, war es für den Termin zu spät. Avi Primor fragte mich Wochen später, warum ich ihm das nicht vorher gesagt hätte, dann hätte er das gut organisieren können und ich hätte keine Probleme haben dürfen?! Avi Primor hat nicht verstanden, dass ich das ja gar nicht will: Ich will ja nicht privilegiert einreisen, dann erfahre ich ja nicht, was in seinem Land los ist!

Immer wenn ich nach Israel komme, weiß ich, dass ich auf die Fragen der Sicherheits- und Geheimdienstleute eines nicht tun darf: Die Wahrheit sagen. Also, wenn man an dem kleinen Schalter bei der Einreise gefragt wird, was man machen möchte in Israel, kann man alles sagen, aber nicht, „dass man zu den Arabern geht". Wer das tut, kann auch wieder zurückgeschickt werden. Wie das Anfang Mai 2010 noch mit einem spanischen Clown geschah, der angekommen war und ganz freimütig erklärte, dass er zu einem Clowns-Festival nach Ramallah wollte. Der spanische Clown wurde tatsächlich zurückgeschickt.

Das Elend für Israel ist: Es hat sich bis heute, mehr als sechzig Jahre nach der Ausrufung der Unabhängigkeit des Staates und mehr als vierzig Jahre nach der Eroberung der Gebiete, die bis heute besetzt geblieben sind, nicht verstanden, ein integrierender Teil, ja neben Ägypten eine Ordnungsmacht und Vorreiter in wirtschaftlicher, kultureller und politischer Sicht des Nahen Ostens zu sein. Es will einfach nicht Teil der Region sein. Es hat sich abgekapselt und lebt auf einem eigenen Planeten.

Man muss gerechterweise sagen: Israel ist eine Weltoffenheit und ein gutes Verhältnis zu den Nachbarstaaten auch schwer gemacht worden. Die Tatsache, dass die arabischen Grenzstaaten alle über Israel in den ersten Jahren seiner Existenz herfielen und auch die Bewegung des Terrors haben es Israel und den Bewohnern des Landes nicht leicht gemacht, zu einer vernünftigen Politik zu gelangen. Dennoch ist das keine Entschuldigung, auf Unrecht mit Unrecht zu reagieren.

Beim Dilemma, wie sich Israel seiner Rolle als „erwachsener" Staat verweigert, denke ich oft an den Kontakt und die Geschichte mit dem israelischen Arzt Dr. Rafi Kot im Jahr 1987. In jenem Jahr gab es im amerikanischen Time-Magazin eine Titelgeschichte über die neuen Ärzteorganisationen (Médecins Sans Frontières und Deutsche Notärzte von Cap Anamur), die eine ganz neue radikale Form von Notfall-Unterstützung praktizierten. In Israel las den Artikel der junge Arzt Dr. Rafi Kot und rief uns, die Deutschen Notärzte von Cap Anamur, in Troisdorf an. Er sagte mir direkt, er möchte gern etwas in der Dritten Welt tun, und das könne er von Israel aus gar nicht organisieren. Deshalb fragte er uns, ob wir einen Platz für ihn hätten. Ich war so aufgeregt bei dem Telefonat, dass ich spontan und begeistert zusagte.

Kaum hatte ich mich von meiner Euphorie erholt, holte mich die Realität wieder ein: Es gibt überhaupt kein Projektland, in dem wir arbeiteten, in das man jemanden als deutschen Notarzt mit israelischem Pass so einfach hinschicken konnte. Guter Rat war teuer. Zwischenzeitlich war ich in Tel Aviv gewesen und hatte diesen unglaublich beweglichen und flexiblen Pfundskerl Rafi Kot kennengelernt. Aber wohin könnten wir ihn schicken? Ich hatte damals ein Gespräch mit dem damaligen (und auch späteren) Innenminister Wolfgang Schäuble. Ich sagte ihm, wir wollten den israelischen Dr. Rafi Kot nach

Vietnam zu einem Projekt der Provinz Bien Hoa schicken, aber mit dem israelischen Pass könnten wir das vergessen. Damals hatte Vietnam noch keine Beziehungen zu Israel, es gab nur eine Vertretung der PLO in Hanoi. Und ich fragte Schäuble vorsichtig, ob er ihm nicht einfach für ein Jahr einen deutschen Pass geben könnte. Schäuble war ganz fasziniert und sagte sofort zu. Er gab mir noch die Adresse des Beamten, der dafür zuständig sein sollte, weil er die nächsten zwei Wochen im Urlaub sei.

Doch da spielten die Ämter natürlich nicht mit. Also musste Schäuble das Vorhaben zunächst abblasen. Aber er sagte: Ich habe versprochen, wir werden es versuchen, das durchzusetzen. Jetzt muss der deutsche Außenminister und sein Kollege Genscher ran. Hans Dietrich Genscher ließ über seinen Staatsekretär Jürgen Sudhoff demarchieren und das Staatsinteresse der deutschen Bundesrepublik an einer Tätigkeit des Israeli und des jüdischen Arztes Rafi Kot in Vietnam für die deutschen Notärzte erkennen. Rafi Kot kam nach Vietnam.

Mit Terror gegen Terror
Krieg ist kein Weg zum Frieden

Das Jahr 2002 war für Israel ein Jahr mit schrecklichen Selbstmordanschlägen. Ich habe damals meine Eindrücke von dem Land angesichts dieser Schicksalsschläge und vor dem Hintergrund des 11. Septembers festgehalten.

Der erste Blick, den wir aus dem Fenster unserer Unterkunft in Beit Sahour am Morgen des ersten Tages – in, ja, was sagen wir: Israel oder Palästina – tun konnten, ging auf den Berg Ha Homa, der im Arabischen Abu Ghneim heißt. Früher war das ein grüner und stark bewaldeter Berg, auf den von der Grabeskirche in Bethlehem oder vom Hotel „Ararat" in Beit Sahour (der christlichen Stadt der Hirten, die Wache auf den Feldern hielten) aus zu blicken angenehm war. Jetzt ist der Berg kahl und bebaut mit furchterregenden, mehrstöckigen, festungsähnlichen Beton-Bauungetümen. Auf ihm ist ein neues Wehrdorf entstanden, das wir politisch nicht korrekt eine „Siedlung" nennen. Dieses Wehrdorf verschandelt nicht nur die Umwelt, es soll den hier lebenden Palästinensern auch zeigen, wer die Macht hat, über alle zu bestimmen. „Siedlung" hat noch nicht als Begriff den Beiklang und die Bedeutung des Illegalen, allenfalls den Geruch der Kolonisation.

Die Art, wie die israelische Armee rücksichtslos in die „Townships" der Palästinenser hineinfährt, wie sie mit Bulldozern ganze Ladenstraßen und Geschäftszeilen schleift, ist für mich leider der Brutalität ähnlich, mit der die südafrikanische Armee seinerzeit ihre Spezialwagen nach Kayelitscha, Crossroads, Alexandra und Soweto hineinschickte und blindwütig in die Townships hineinballerte. Ich habe mich dabei beobachtet, welchen Schmerz diese Beobachtung in mir auslöste. Denn meine Erfahrung aus den Jahren 1982 und später war, dass die israelische Armee damals auch bei heftigsten Kriegsaktionen eine disziplinierte Form des Umgangs mit Journalisten, auch mit der besiegten einheimischen Bevölkerung pflegte.

Es hat mich dann wie mit Fausthieben getroffen, als ich von mehreren zuverlässigen und nichtpalästinensischen Quellen erfahren musste, dass israelische Soldaten bei ihren neuen Feldzügen plündern und stehlen. Das war für mich überall auf der Welt immer der Ausdruck des Niedergangs eines Staatswesens und seiner Institutionen gewesen. Ein befreundeter israelischer Journalist sagte mir, die Armee sei innerhalb Israels immer noch intakt, aber als Besatzungsarmee verrohe sie aufgrund der „mission impossible". Eine Besatzung kann nie und nimmer von einer Armee durchgehalten werden, ohne dass sie bei ihr Spuren hinterlässt. Mit Scham schrieb am 1. Mai 2002 die israelische Tageszeitung Ha'aretz unter dem Titel „Die unehrenhafte Kriegsführung": „Berichte darüber, dass Israels Armee Eigentum der Palästinenser antastete und Zerstörungen vornahm in Gebieten, die sich ganz außerhalb der Kampfeslinien ereigneten, mussten bedauerlicherweise von der Armee bestätigt werden. Ganz offenbar gab es Fälle, in denen Israels Soldaten einfach Geld stahlen und elektronisches Equipment aus Häusern und Ämtern wegtrugen. Ganz besonders heftig geschah das in Ramallah, der gegenwärtigen sogenannten Hauptstadt der palästinensischen Behörden. Dort tobten Soldaten ihre Rachebedürfnisse an Computern aus, die sie in Ämtern der palästinensischen Behörden fanden." Wilhelm Goller, der Leiter der traditionsreichen deutschen evangelischen Schule Talitha Kumi in Beit Jala (vor 160 Jahren gegründet), berichtete mir von den Belästigungen seiner 850 palästinensischen Schüler auf dem Weg zur Schule. Er hatte auch beobachtet, dass israelische Soldaten gezielt auf die Wassertanks auf den Häusern von Palästinensern geschossen haben. Und Wasser ist das kostbarste Gut, das die Palästinenser bei dem notorischen Wassermangel auf der Westbank haben.

Terror gibt es schon lange. Auch als Fortsetzung der Politik mit schlechteren Mitteln. Der politische Terror hat die Welt seit Längerem in eine moralische Sackgasse gejagt. Bis heute leiden wir weiter alle an den Folgen dieses hemmungslosen Terrors, der mit der Explosion eines PANAM-Passagierflugzeuges über dem schottischen Ort Lockerbie einen ersten Gipfel erklomm und am 11. September 2001 mit dem Angriff auf die Twin Towers des World Trade Centers in New York seinen traurigen Höhepunkt erreichte. Bis heute hat dieser Terror globale Nachwehen. Er hat den gesamten zivilen Flugverkehr bis zur Unkenntlichkeit verändert. Wir sind auf Flughäfen Zeugen der Weltdevise „Homo homini terrorista est".

Leider gibt es bis heute unter Arabern und Palästinensern kaum eine kritische Reflexion über diese neue Form des Terrors – es gab Edward Said und andere, die ähnlich kritisch gegenüber dieser Form des Terrors urteilten, weil sie sahen, dass hier Verbrechen als Mittel zur Befreiung aus der Besatzungs-Fesselung angewandt wurden. Aber damit gewinnt man keine Bevölkerung. Im Kampf gegen Israel begannen die Selbstmordattentate, die von Islamisten aufgewertet und auch mit Prämien für die zurückgebliebenen Familien der Selbstmordattentäter blasphemisch belohnt wurden. Das ist eine weitere Perversion der Moral der alten bewaffneten Befreiungsbewegungen bis hin zu der von Che Guevara und gleichzeitig eine Perversion des Märtyrergedankens.

Es verstößt gegen jede Moral, christliche, jüdische, islamische Menschen, Zivilisten mit in den selbst gewählten Tod zu reißen. Diese Form des Terrormordes von Unbeteiligten hat die Form des bewaffneten Befreiungskrieges als „ultima ratio" endgültig diskreditiert.

Furchtbar sind die Schläge, die Israel versetzt werden. Als wir auf dem Wege zurück aus den Besatzungsgebieten sind, gibt es die alltäglich gewordene Nachricht, auf die jedermann in Israel wie in der Welt mit Schaudern wartet. Wir fahren den Berg von Jerusalem herunter und sind auf dem Weg nach Tel Aviv und Jaffa. Das Radio meldet den neuesten Selbstmordanschlag aus Haifa, ebenso furchtbar wie der vorangegangene in Netanya: zuerst neun Tote, dann elf, dann dreizehn, dann fünfzehn, viele Verletzte. Wir waren am Nachmittag noch bei einem Ehepaar, das aus Lemberg gebürtig mit List und Glück den Holocaust überlebt hat. Da plötzlich stöhnt unser Mitfahrer auf, die Nachrichten melden, es seien bei diesem neuesten Anschlag zwei Familien vollständig getötet worden.

So sehr wir immer erwarten, dass die Palästinenser („die"?) sich einhellig von diesen Terrorakten distanzieren, so habe ich manchmal den Eindruck, sie schaffen das jetzt nicht mehr. Die Besatzung und das Besatzungsregime, immer bereit zu demütigen und zu unterdrücken, dauert nun schon vier Jahrzehnte. Sie sind nicht durchtrieben, sie sagen: Ja, es wäre uns lieber, es gäbe so etwas nicht und töten würde man ausschließlich Kombattanten. Aber sie schaffen es nach so vielen Jahren der Demütigung, nach über drei Jahrzehnten nicht nur der Vertreibung, sondern auch der Verfolgung und der Demütigung nicht, sich von diesen Attentaten zu distanzieren. Der westliche Beobachter würde das so gern erleben.

Am Karsamstag besuchten wir den sogenannten palästinensischen Tourismusminister mitten in Bethlehem. Nach einer Fahrt im Aufzug der „Arab Bank" unterhalb der Geburtskirche in den vierten Stock sind wir einem Minister gegenüber, der das klassische Bild eines „Königs ohne Land" bietet. Mitri Abu Aita ist „Minister of Tourism and Antiquities", aber er hat nichts mehr zu vergeben oder zu verwalten. Über seinem Schreibtischsessel thront ein kühnes Porträt von Jassir Arafat. Dessen Ermordung wird stündlich erwartet. Deshalb bekommt der sogenannte Minister alle 30 Minuten einen Zettel in die Hand, auf dem der Zustand des „Chairman" aufgezeichnet ist. Sonderbare Stimmung – wir sitzen hier mit dem sogenannten Minister eines sogenannten Kabinetts, dessen sogenannter Premier vom israelischen Militär bei Brot, Wasser und dem Licht von Taschenlampen gefangen gehalten und abgrundtief gedemütigt wird.

Ich habe schon viele imaginäre Tourismus-Minister erlebt, z. B. vor 20 Jahren denjenigen in Somalia, der dieses Portefeuille nur als Pfründe für Auslandsreisen und für die Benutzung der schönsten Suite im vornehmen Strandhotel Al Uuruba in Mogadischu verstand. In Kabul gibt es zwar noch keinerlei Verbindung von der Hauptstadt zu den 26 Provinzen, keine Kommunikation, keine Flug- und Buslinien. Das Land liegt in Ruinen, aber man hat bereits jemanden zum „Luftfahrt und Tourismus-Minister" gemacht.

Hier aber gibt es zu Recht einen Tourismus-Manager mit dem hochtrabenden Titel des Ministers. Minister heißen die Palästinenser-Vertreter in der „Autonomie-Behörde" zu Unrecht, wie sich auch der Präsident und der Premierminister zu Unrecht so nennen. Das würde ja ein Territorium voraussetzen, mit gesicherten Grenzen, einem Monopol von Polizei und Armee, der Gewissheit, dass die Armee des Nachbarlandes Israel nicht immer dann in das besetzte Territorium einmarschiert, wenn es ihm gefällt.

Es gab nach dem Oslo-Protokoll und noch 1999 – so erzählt uns der sogenannte Minister – eine Million Touristen in Palästina. Man hatte nach dem Vertrag von Oslo begonnen, Hotels zu bauen, wie überhaupt der Bauboom immer noch im Dreieck Bethlehem, Beit Sahour und Beit Jala zu besichtigen ist. Tausende Hotelbetten und Zimmer stehen als touristische Kapazität zur Verfügung. Nur – der Minister zeigt mit leerer Hand und enttäuschtem Gesicht auf die Gegend unter dem Bankenturm. Die Betten und Zimmer sind alle leer. Dabei fing doch alles sehr gut an. Von 1999 an konnte die palästinensische Autonomiebehörde auch den Namen „Palästina" auf allen Tourismus-Messen und Ausstellungen gebrauchen.

Mitri Abu Aita erzählt, mit dem damaligen Tourismus-Minister von Israel habe er oft gemeinsame Pressekonferenzen gemacht. Dann ernannte Ariel Scharon als neuen Tourismus-Minister Rehama Zeevi, von dem bekannt war, dass er die Vertreibung der Palästinenser von der Westbank betreiben wollte. Zeevi profilierte sich sofort mit Erklärungen, die zeigten: Dieser Mann hat nichts mit Tourismus am Hut, wie man dieses Gewerbe in der ganzen Welt versteht. Er will die Palästinenser aus der Westbank und dem Gazastreifen heraushaben und dafür großzügig die Transportmittel stellen, vielleicht auch ein paar Entschädigungen. Das nennt er auf makabre Weise „Tourismus". Er würde sich besser „Deportationsminister" nennen.

Die Verluste für den Tourismus hier sind gewaltig. Jeden Monat 25 Millionen US-Dollar, d. h. seit dem Beginn der Intifada vor 18 Monaten ca. 500 Millionen US-Dollar.

Wir werden eingeladen, in das Haus der Familie des 17-jährigen Johnny Jousef George Thaljeh zu kommen, der am 20. Oktober 2001 auf dem Platz vor der Bethlehemer Geburtskirche erschossen wurde. Ich hatte von so vielen Erschießungen von glaubwürdigen Zeugen, nicht nur von Palästinensern, auch von Ausländern, die dort arbeiten, gehört, dass ich gerne einem Fall mal nachgehen wollte. Denn der Verdacht nagte in mir, die israelische Armee, die einst auf ihre Moral so besonders stolz war wie auch auf die „Education" der Armee, die damals wahrscheinlich ihresgleichen suchte, habe ihre alten unbedingten und moralischen Standards im Laufe der Besatzungs- und Kriegsroutine verloren.

Johnny Jousef George Thaljeh war eines von fünf Kindern. Seine Mutter erzählt uns den Hergang des Mordes. Johnny ging am Samstag, dem 20. Oktober 2001 um 14.30 Uhr aus dem Haus, das direkt neben dem Platz der Geburtskirche liegt. Er ging in die Kirche. Er kam dann zurück, ein Verwandter zeigte ihm ein junges Baby, das er kurz im Arm hielt und dann wieder zurückgab. Dann ging er weiter. In diesem Augenblick krachte aus dem israelischen Militärlager Hindaza Hill ein Schuss – ein Scharfschütze hatte aus 1,4 km Entfernung gezielt und geschossen. Johnny wurde getroffen und war sofort tot.

Die Eltern des Siebzehnjährigen waren der festen Überzeugung, der Platz vor der Geburtskirche sei ein heiliger Platz und damit sicher. 23 Personen wurden in der Gegend um Bethlehem in zwei Wochen getötet. Ein israelischer Soldat habe hier vier Personen auf einmal getötet, darauf habe man von der Armee gehört, er sei „mentally ill", geisteskrank, gewesen.

Die Mehrzahl der Israelis kennt die Westbank nicht und noch weniger kennt sie Palästinenser. Das Gleiche gilt für den Gazastreifen. Es gibt – wie im Südafrika der Apartheid – Straßen zu den Wehrdörfern, die man immer noch harmlos Siedlungen nennt. Diese Straßen sind „for jews only", können nur von den israelischen Siedlern benutzt werden, nicht von den Palästinensern. Diese Straßen sind auf palästinensischem Territorium angelegt.

Am 31. März 2002 um 19.30 Uhr hält Ariel Scharon seine Rede an das Volk; es sind gerade mal vier Stunden nach dem Attentat von Haifa mit – wie wir jetzt hören – fünfzehn Ermordeten. „Wir befinden uns mitten im Krieg", sagt Scharon. Der Terror werde von einem Menschen gemacht, der Arafat heißt. Diese Person sei „der Feind Israels und eine Gefahr der ganzen westlichen Welt. Gegen den Terror kämpfen wir ohne Kompromiss". Es klingt so, als ob er sagen würde: Nach und neben Osama bin Laden hat die Welt einen zweiten Großterroristen: Arafat. Am nächsten Tag – in Deutschland ist Ostermontag – gibt es eine alternative Stimme. Avraham Burg, der Sohn des ehemaligen Innenministers und früheren Präsidenten der Knesseth. Jeder Staat habe das Recht, auf Terrorangriffe zu reagieren. Zweifellos. „Aber Reaktion um der Reaktion willen? Wohin führt ein Krieg, ist eine Frage, die zuvor gestellt werden sollte. Wie sieht das Kriegsziel aus? Das Volk weiß es nicht. Es befindet sich in einer Lage, die so verwirrend wie gefährlich ist."

Schon einmal hätten die Israelis einen Krieg 1982 im Libanon geführt und dann im Nachhinein festgestellt, dass er überflüssig war: „Sollten wir uns da nicht vorher fragen, wohin uns dieser Krieg führen soll?"

Ein Krieg ohne Ziel ist auch ein Krieg ohne Öffnung, ohne jede Aussicht auf Dialog. Avraham Burg: „Wir haben uns in die Dummheit der Palästinenser verliebt. Auch wenn alles stimmen sollte, dass sie unfähig sind zu verhandeln – selbst dann müssen wir uns immer noch fragen: Zwingt uns das, in diesen Kreislauf hineinzuspringen? Wir sind das starke Element in dieser Region. Ein erster Schritt zur Zerschlagung des Kreislaufs der Gewalt muss von uns kommen."

Mut und Entschlossenheit
Die Rolle der Christen

„Ich weiß, dass man aus den heiligen Büchern
gegenteilige Maximen herauslesen kann. Aber
niemand wird leugnen, dass alle drei heiligen
Bücher Frieden fordern – Shalom auf hebräisch
oder Salam auf arabisch.
Es ist eine Tragödie, dass die Rabbiner, die Priester
und Pastoren, die Mullahs und Ayatollahs uns
Laien die Kenntnis solcher Gemeinsamkeiten
weitestgehend vorenthalten. Sie bringen uns gern
bei, die anderen Religionen abzulehnen und
abfällig über sie zu denken."

Helmut Schmidt, 2010[1]

Ich sitze mit meinem christlichen Freund Daoud Nassar
auf dem Berg Daher in der Nähe von Bethlehem und
Beit Jala zusammen. Von diesem Berg aus hat man einen
Blick auf die fatale Sackgasse, in die sich die Politik und
die beiden führenden Kräfte begeben haben: Die Israelis,
weil sie den Bau der Wehrdörfer geplant und durchgeführt haben, und die EU-Regierungen, die das ohne
Protest haben geschehen lassen. Hasenfüßig haben sie
für sich selbst immer die Position vertreten: Jerusalem ist
die Hauptstadt beider Staaten. Und wie mit Scheuklap-
pen haben sie die ganze Verschandelung und Zerhackung
der Landkarte zugelassen.

Daoud sagt: Ach, unsere christlichen Kirchen. Sie bilden sich immer ein, sie seien die Speerspitze des Wider-

standes der Palästinenser gegen die Besatzung Israels. Dabei sind sie die kompromissbereitesten Opportunisten. Die Führer der Kirchen genießen es, Privilegien vonseiten des israelischen Staates zu haben, wie das die sogenannten Präsidenten, sogenannten Premierminister und sogenannten Minister auf palästinensischer Seite eben auch nutznießen für sich selbst. Nicht für die Sache der Palästinenser – und das weiß die israelische Seite auch.

Die christlichen Kirchen der Region haben 2009 ein starkes Dokument zur Lage Palästinas verfasst. Überschrieben ist die Erklärung mit „Die Stunde der Wahrheit: Ein Wort des Glaubens, der Hoffnung und der Liebe aus der Mitte des Leidens der Palästinenser und Palästinenserinnen" – bekannt geworden ist es aber als „Kairos-Palästina-Dokument". Dreizehn Kirchen haben ihren Protest, ihren Aufschrei zum Ausdruck gebracht. In Zeiten, in denen ein ökumenisches Miteinander oftmals nur träge daherkommt, ist eine solche Zusammenarbeit für sich genommen schon ein eindrucksvolles Zeichen. Dreizehn Kirchen sind es, die mit ihren einzigartigen Purpurträgern das unterschrieben haben:

- Patriarch Theophilos III., der Führer der Griechisch-Orthodoxen Kirche;
- Patriarch Fouad Twal, Katholischer Bischof von Jerusalem;
- Patriarch Torkom Manougian, Oberhaupt der Armenisch-Orthodoxen Kirche;
- P. Pierbattista Pizzaballa, Kustodius des heiligen Landes;
- Erzbischof Dr. Anba Abraham, Leiter der Koptischen Kirche;

- Erzbischof Mar Swerios Malki Murad, Haupt der Syrisch-Orthodoxen Kirche;
- Erzbischof Paul Nabil Sayah von der Maronitischen Kirche;
- Erzbischof Abba Mathaious, Oberhaupt der Äthiopischen Kirche in Jerusalem und Palästina;
- Erzbischof Joseph-Jules Zerey, Oberhaupt der Griechisch-Katholischen Kirche;
- Bischof Gregor Peter Malki, Oberhaupt der Syrisch-Katholischen Kirche;
- Bischof Munik A. Younan, Oberhaupt der Lutherischen Kirche;
- Bischof Suheil Dwani von der Anglikanischen Kirche
- und der Bischof Raphael Minassian, der der Armenisch-Katholischen Kirche vorsteht.

Sie haben alle beraten und diesen sehr wichtigen gemeinsamen Appell urbi et orbi, an den ganzen Weltkreis, ausgesandt. Zentral ist im Dokument die Feststellung und das Beharren, dass jedes Land Gottes Land sei: „Unser Land ist wie alle Länder auf der Welt Gottes Land. Es ist heilig, weil Gott darin gegenwärtig ist, denn Gott allein ist heilig und Gott allein heiligt. Deshalb sollten wir den Titel heiliges Land als Christen sofort zurücknehmen. Wir Menschen und wir Christen benehmen uns nicht so, wie es sein müsste, wenn das ein heiliges Land wäre."

Sicher, man könnte an dem Dokument der Kirchen kritisieren, dass es insgesamt zu lang ist und ihm Schärfe und bisweilen Selbstkritik fehlen. Ich will nicht mäkeln, aber es hat dennoch Gewicht.

Ganz stark ist das Dokument am Beginn: „Im Namen Gottes und im Namen von Macht stehlen israelische Siedlungen unser Land; sie kontrollieren unsere natürlichen Ressourcen, auch das Wasser und das Ackerland, und damit berauben sie Hunderttausende von Palästinenserinnen und Palästinensern ihrer Rechte."

Eine kritische Aufarbeitung der Siedlungen kann nicht umhin, sie so zu beschreiben wie Daoud Nassar: Die jüdischen Wehrdörfer stehlen den Israelis ihre Seele. Die Mehrzahl der um die Siedlungen lebenden Palästinenser arbeiten in den Wehrdörfern. Sie haben meist ganz untergeordnete Positionen, oft keine Berufsausbildung. Stark und wahrhaftig klingt dann dieser Satz aus dem Dokument der Kirchen: „Realität ist die tägliche Demütigung, der wir auf dem Weg zu unseren Arbeitsplätzen zu Schulen und Krankenhäusern an den Militärkontrollposten ausgesetzt sind."

„Es war Unrecht, dass wir aus dem Land vertrieben worden sind. Der Westen versuchte, das Unrecht, das Juden in den Ländern Europas erlitten hatten, wiedergutzumachen, aber diese Wiedergutmachung ging auf unsere Kosten in unserem Land. Unrecht sollte korrigiert werden; das Ergebnis war neues Unrecht."

Es wäre an der Zeit, dass die 13 Vertreter der Kirchen dieses Dokument dem Papst und allen Präsidenten der EU persönlich präsentieren, denn dann würde es seinen verdienten Widerhall finden. „Teil unserer Realität ist die Missachtung des Völkerrechts und der internationalen Resolutionen durch die Israelis sowie die Untätigkeit der arabischen Welt."

Jerusalem, sagen die Kirchenführer, sei das „Herzstück unserer Realität". Es ist aber eben nicht mehr Symbol des Friedens, sondern Symbol des Unfriedens, so wie das „Heilige Land" es nicht mehr ist, sondern unheilig. „Während die Trennmauer palästinensische Wohngebiete teilt, werden palästinensische Bürger weiter aus Jerusalem hinausgedrängt. Ihre Personalausweise werden beschlagnahmt und dadurch verlieren sie ihr Bleiberecht in Jerusalem. Ihre Häuser werden zerstört und enteignet. ... Jerusalem ist zu einer Stadt der Diskriminierung und Ausgrenzung, zu einer Quelle des Streites anstatt des Friedens geworden".

Bei all der Sprengkraft und dem Einsatz der Kirchen, gehen sie mit diesem Dokument und all dem, was sie beweisbar an Skandalen und Unrecht dargelegt haben, politisch nicht auf die Barrikaden. Leider! Und zum Leidwesen Palästinas. Denn aus der Zurückhaltung der kirchlichen Vertreter lese ich weniger Bescheidenheit als vielmehr Bequemlichkeit: Der nächste der 13 Oberhirten steht schon in der Schlange in Tel Aviv und genießt Privilegien, von denen die einfachen Menschen nur träumen können. Es könnte schon mehr passiert sein, wenn die Vorbilder in dem Kampf der Völker und Kulturen hier wirklich Vorbilder wären – bedauerlich!

Ich sitze mit dem Leiter der christlich-palästinensischen Schule Talitha Kumi zusammen und wieder haben wir natürlich nur dieses Thema: Wie kommen wir aus der Sackgasse heraus? Georg Dürr ist ein begnadeter Gesprächspartner und bemerkenswerter Kenner des Landes. Was etwa ein deutscher Politiker nie zu sehen bekommt – Blockaden, Kampf um Reisegenehmigungen, Gängeleien durch israelische Grenzsoldaten –, kennt er in- und auswendig. Auch er kann von vielen Schikanen und Ungerechtigkeiten berichten.

Und sein Blick auf die Kirchen? Gibt es eine Hoffnungsfigur, wie etwa Bischof Desmond Tutu in Südafrika? Leider nicht. Und doch ist das Wort der 13 Bischöfe großartig, wenn man es nur beherzigen würde: „Unsere Botschaft an die Muslime ist eine Botschaft der Liebe, ein Appell, dem Fanatismus und Extremismus abzuschwören. Sie ist auch eine Botschaft an die Welt, dass Muslime nicht als Feinde abgestempelt oder als Terroristen karikiert werden dürfen".

Und die Bischöfe benutzen das realitätsgesättigte Wort „Besatzung". Und sie schließen mit der einzigen Grundlage von Menschen, ob Gläubigen oder Nichtgläubigen: Wir sind alle Menschen, hinter und vor der Mauer. „Hassen ist nicht erlaubt. Töten oder Getötetwerden sind nicht erlaubt. Die Kultur der Liebe ist die Kultur, einander anzunehmen!"

Wie ist die Lage der Christen in der gesamten Region einzuschätzen? Zu der Frage, wieso es den Christen jetzt schlechter geht in den genannten Ländern, hat der Leiter der Fachstelle für Menschenrechte beim Internationalen Katholischen Missionswerk, Otmar Oehring, in seinem Beitrag „Zur gegenwärtigen Situation der Christen im Nahen Osten" für die „Auslandsinformationen der Konrad-Adenauer-Stiftung" im April 2010 festgehalten: Eine Rolle spielen die zahlreichen „internationalisierten regionalen Konflikte, der Palästinakonflikt, die Auseinandersetzungen zwischen der Türkei und Griechenland, das Zypernproblem, der Bürgerkrieg im Libanon und die drei Golfkriege".

Im Libanon betrug der Anteil der Christen vor 1970 noch 60 Prozent – wenngleich diese Zahl nicht unbedingt belastbar ist. Tatsächlich schätzt man die Zahl der Christen im heutigen Libanon auf nicht mehr als 30 Prozent ein. Im Verhältnis zu den umliegenden Ländern ist das eine weiterhin sehr hohe Zahl.

Nicht ganz gewiss ist die Datenlage im Irak. Bei einer Bevölkerung von 26 Millionen machten die Christen in den 80er Jahren etwa 15 Prozent aus. Nach dem zweiten Irakkrieg ist diese Zahl auf zwei bis drei Prozent gesunken. Die Lage der Christen hatte sich in den chaotischen Wirren des amerikanischen Angriffskrieges erheblich verschlechtert, Verfolgungen standen und stehen auf der Tagesordnung. Die Bemühungen des damaligen Bundesinnenministers, Wolfgang Schäuble, die Christen insgesamt in Europa aufzunehmen als verfolgte Minderheit, kamen in der schwerfälligen Bürokratie der Europäischen Union zum Erliegen.

In Syrien ist die Lage der Christen besser. Das Regime ist eine klare, aber festgefügte Diktatur, mit der die Minderheiten eher gut leben können. Die Kirchen dürfen sich sogar ausländischen Klerus leisten und der Staat hat Baugebiete für den Bau neuer Kirchen zur Verfügung gestellt.

In den übrigen Ländern sind die ungefähren Größenverhältnisse wie folgt: In Jordanien sind 5,6 Prozent der Staatsbürger Christen, in Bahrain sind es 9 Prozent, die aber größtenteils Ausländer und Gastarbeiter sind; in Saudi-Arabien sollen es 1,5 Millionen sein, darunter 800.000 Katholiken, die aber ebenfalls zum Großteil Ausländer sind.

Entscheidend wird für die Lage und die produktive Rolle der Christen im Nahen Osten die Situation in Palästina sein. Dort gab es immer noch die aktivste Gruppe an Christen, die auf 8 Prozent geschätzt wird, aber im Schwinden ist. Gerade weil die Christen meist zu den begüterten und reicheren Mittelstandsschichten gehören, waren und sind sie eher in der Lage gewesen, ihre Zelte in Palästina abzubrechen und vornehmlich in den USA neu anzufangen.

Mit Tränen in den Augen erzählte mir die Mutter von vier Kindern in Beit Sahour, dass sie ihren Söhnen, die alle in den USA und Deutschland ihre Ausbildung machen, aus eigenem Gewissen nicht mehr empfehlen kann, nach Palästina zurückzukehren. So lange haben Palästinenser auf die Lösung ihres Problems und die Möglichkeit einer souveränen Heimstatt gewartet. Jetzt haben sie als letzte, vorletzte Hoffnung nur noch Barack Obama. Und wenn diese Hoffnung auch noch schwindet, dann gnade ihnen Gott.

Besetztes Land ohne Rechte
Die Situation im Gazastreifen

„Immerhin kündigte dieses Drama schon einen
gewissen persönlichen Zug meiner inneren Einstellung
an, die unweigerlich nie die Partei der sogenannten
‚Helden' nimmt, sondern Tragik immer nur im
Besiegten siegt. In meinen Novellen ist es immer der
dem Schicksal Unterliegende, der mich anzieht, in den
Biographien die Gestalt eines, der nicht im realen
Raume des Erfolgs, sondern einzig im moralischen
Sinne recht behält: Erasmus und nicht Luther, Maria
Stuart und nicht Elisabeth, Castellio und nicht
Calvin." *Stefan Zweig, 1962*[1]

Alles, was wir im Leben von Menschen für normal und
selbstverständlich halten, ist im Gazastreifen alles andere
als normal und selbstverständlich. Das Groteske an der
Situation dort wird an einem Beispiel aus dem Flüchtlingslager Schati deutlich: Im Jahre 2002 wurde dort ein
Ruderclub für Jugendliche und Kinder mit Unterstützung
eines im amerikanischen Exil lebenden Palästinensers gegründet. Der Club in Schati war ein Verein im Verband
der „Palestinian Rowing Federation", die 2002 bei der
fünften arabischen Rudermeisterschaft in Kairo unter palästinensischer Flagge an einem internationalen Wett-
bewerb teilgenommen hatte. Alle Aktiven waren aber damals in der Diaspora lebende Palästinenser. Es sollten sich
aber auch junge Palästinenser direkt in ihrer Heimat am
Rudersport beteiligen dürfen – nicht zuletzt auch eine

wichtige Perspektive angesichts von Einschließungssyndromen und der begrenzten Reisemöglichkeiten. Da es in Gaza keinen Fluss gibt, auf dem man rudern könnte, hatte man spezielle Boote für das Rudern auf dem Meer bestellt. Bis zu ihrer Ankunft mussten die Kinder und Jugendlichen auf dem Trockenen rudern.

Trockenrudern in Gaza, das erschien der ARD-Reporterin Bettina Marx wie „eine Metapher für das Leben der Jugendlichen, die keine Gelegenheit haben, ihre Talente und Begabungen zu nutzen".

In einem Boot haben die Jungen und Mädchen nie gesessen. Seit dem Ausbruch der zweiten Intifada im Jahr 2000 erlauben die Israelis als Besatzungsmacht nicht, dass Palästinenser mit Booten aufs Meer gehen; allenfalls Fischer dürfen sich in einem eng begrenzten Küstenstreifen bewegen. Deshalb trainieren die Jugendlichen buchstäblich auf dem Trockenen.

Der palästinensische Ruderverband wurde schon 1988 gegründet. Um auf dem Meer rudern zu können, kaufte der Ruderverband in Schanghai spezielle Boote, die an die Bedingungen des Mittelmeeres angepasst sind. Sechs Boote hatte man bestellt, die israelische Besatzungsmacht hatte jedoch Sicherheitsbedenken und ließ sie nicht durch das Nadelöhr. Der Geschäftsführer des Verbandes, Wael Afana, empörte sich: Die Angst, solche Boote könnten militärisch benutzt werden, sei eine Phantomangst. Solche Boote seien viel zu schmal, um sie mit Motoren auszustatten und für andere Dinge zu gebrauchen als zum Rudern. Kein Mensch kann glauben, dass Kinder die Boote missbrauchen, um damit Anschläge auszuüben.

So rudern die jungen palästinensischen Sportler auch jetzt, wo nicht mal humanitäre Schiffe an die Küste von

Gaza kommen dürfen, weiter auf dem Trockenen. Auch nach dem Rückzug aus dem Gazastreifen erlaubt Israel keine Einfuhr der Boote. Die liegen immer noch beim Hersteller in Schanghai und der Ruderclub in Schati stellte irgendwann seine Aktivität ein.

Machen wir einen Blickwechsel, hin zum Fall des jungen israelischen Soldaten Gilad Shalit. Ein Blickwechsel, der die Verantwortungslosigkeit der Führungsleute der Hamas zeigt – auch gegenüber der eigenen Bevölkerung, von der immer wieder Appelle kommen, die terroristischen Akte zu unterlassen.

Der junge Soldat Gilad Shalit wurde an der Grenze zu Gaza entführt und ist nunmehr bereits mehr als ein Jahr verschwunden. Wegen des politischen „Preises", den er darstellt, ist anzunehmen, dass er noch lebt. Sein Vater ist ein vernünftiger Mensch, der gesehen hat, dass es keinen Sinn macht, den ganzen Gazastreifen in Schutt und Asche zu legen: „Der Staat Israel kann nicht seine ganze Abschreckungsmacht auf dem Rücken des Bürgers und Soldaten Gilad Shalit aufbauen, denn sein Rücken ist nicht so breit."

Ein starkes Plädoyer für den Aufbruch zum Frieden und gegen die Maßlosigkeit der Rache und absurde Provokationsakte. Und so darf auch das Zerstören von Häusern, aus deren Haushalt oder deren Familienverband sich jemand schuldig gemacht hat, nicht weitergehen. Mir kommt die Amerikanerin Rachel Corrie in den Sinn. Im Januar 2003 kam sie nach Israel im Auftrag der 2001 gegründeten jungen US-Solidaritätsmission „International Solidarity Movement" und wollte notleidenden Palästinensern helfen.

In einer E-Mail schrieb sie damals an ihre Mutter: „Nichts hätte mich auf die Realität hier vorbereiten können, weder Bücher noch Konferenzen noch Dokumentarfilme. Man kann es sich nicht vorstellen, wenn man es nicht selbst gesehen hat."

Das ist es, was wir ja auch unseren Bundestagsabgeordneten empfehlen sollten, auch wenn sie sich immer noch nicht trauen, diesem Rat zu folgen. Diesen Konflikt kann man eigentlich gar nicht einschätzen, wenn man die Realität vor Ort nicht selbst mit eigenen Augen und Sinnen wahrgenommen hat.

Weiter schreibt Rachel Corrie an ihre Mutter, die ihr gesagt hat, die Gewalt der Palästinenser sei auch nicht hilfreich: „Wenn einer von uns zusehen müsste, wie man sein Leben und seinen Wohlstand zerstört, wenn wir mit unseren Kindern auf einem immer kleiner werdenden Raum leben müssten und wüssten, dass jeden Moment Soldaten mit Panzern und Bulldozern kommen und unsere Gewächshäuser zerstören können, wenn sie uns schlagen und mit 150 Leuten für mehrere Stunden einpferchen würden, glaubst Du nicht, dass wir dann zu gewalttätigen Mitteln greifen würden, um das zu schützen, was noch übrig ist?"

Am 16. März 2003 wollte sie zwei Bulldozer aufhalten, die in Rafah Häuser zerstörten. Als einer der Bulldozer auf das Haus eines Apothekers zufuhr, kniete sich Corrie – mit ihrer leuchtend orangefarbenen Jacke weithin sichtbar – vor ihn auf den Boden, der Bulldozer hörte nicht auf weiterzufahren. Sie stieg auf den Erdwall, der begann zu wanken, sie rutschte herunter, doch der Bulldozer hielt nicht an. Sie starb gleich danach an Schädel- und Wirbelsäulenbrüchen.

Ich denke auch an den berüchtigten Checkpoint Tuffach: Da die Palästinenser nicht mehr den Kontrollpunkt mit Autos oder LKWs passieren dürfen, müssen sie auszuführende Waren auf der einen Seite der Sperre von den Wagen abladen, zu Fuß in ihrem eigenen Land über die Linie tragen und auf der anderen Seite auf andere Fahrzeuge aufladen. Ein Verfahren, für das das Wort Demütigung zutrifft.

Es gibt Übergriffe jüdischer Siedler. Der elfjährige palästinensische Junge Yussef in Mawassi will einfach mal zum Meer gehen: „Die Juden erlauben es nicht. Sie schicken uns zurück und werfen Steine nach uns. Sie sagen: verschwindet von hier. Das ist unser Meer."

Das Oslo-II-Abkommen gesteht am Gaza-Strand den Palästinensern einen fünf Kilometer langen Abschnitt für Sport und Freizeit zu – jedoch ist diese Regelung nur eine theoretische. Aus Furcht vor den Übergriffen der Siedler zogen es die Palästinenser vor, nicht dorthin zu geben. Die Offiziershäuschen wurden von den Siedlern zu Ställen umfunktioniert. Vor dem Rückzug der Israelis wurden sie von den israelischen Behörden abgerissen, angeblich um zu verhindern, dass sich die Palästinenser darin verbarrikadieren.

Die ARD-Reporterin Bettina Marx spricht Rabbi Yosef Elnekaveh an, sie kann hebräisch, braucht keinen Übersetzer. Der Rabbi weiß ganz genau: „Abraham hatte zwei Söhne, Isaak und Ismael. Isaak hat er das Land gegeben und Ismael hat er es nicht gegeben. Er hat ihn gesegnet und dieser Segen ist eingetreten. Die Araber haben Gold, sie haben Erdöl, das sind die Segen unseres Erzvaters Abraham. Aber das Land Israel hat er ihnen nicht gegeben. Wollen Sie, dass wir ihnen das Erdöl nehmen? Der Heilige, gelobt sei er, hat sie mit Erdöl gesegnet und uns hat er das Land Israel gegeben!"

Dieses unheilige Land Palästina wird immer kleiner gemacht. Israel hat im August unter Ariel Scharon einen scheinbaren Rückzug vom Gazastreifen mit großem Medienaufwand inszeniert. Ausgerechnet Ariel Scharon hat den Trennungsplan verkündet: Er wollte tatsächlich einen Rückzug antreten – etwas, was man dem „Bulldozer", so sein Spitzname, nun wirklich nicht zugetraut hatte. Er wollte die Armee aus dem besetzten Gazastreifen abziehen und die wenigen jüdischen Wehrdörfer dort schleifen und räumen lassen. Er vollzog diesen Schritt im August 2005. Aber tatsächlich machte er alles anders, als er es der Presse in Europa und den USA weismachen wollte. Dialog und Absprache mit den Bewohnern vor Ort waren ihm fremd. Einseitig und in Feldherrenmanier setzte er im Westjordanland und in Gaza seine Pläne durch, einseitig setzte er sie mit der Macht des militarisierten Israel durch.

Der Dirigent Daniel Barenboim wurde bei seinem nur kurze Zeit später stattfindenden wunderbaren Versöhnungskonzert in Ramallah – das für den Frieden und die Versöhnung mehr gebracht hat als alles, was Ariel Scharon davon wieder zerstören konnte – gefragt, was er von dem Rückzug der israelischen Armee aus Gaza und der Räumung der Wehrdörfer halten würde. Barenboim sagte: „Das ist ganz toll, wenn es der Beginn des Rückzugs aus allen Siedlungen auf der Westbank und Gaza ist. Es ist miserabel und ein Täuschungsmanöver, wenn es bei diesem kosmetischen Rückzug aus dem Gazastreifen bleibt."

Aber leider war und blieb es so. Rechtlich, politisch, militärisch, völkerrechtlich hatte Ariel Scharon die Besatzung nur umstrukturiert: Der Gazastreifen blieb besetzt, er brauchte dazu keine Truppen im Gazastreifen, es reichte, dass das ganze Gazagebiet von außen, zu Wasser, zu Lande und in der Luft, total abgeriegelt blieb. Das Personenstandsregister wurde von Israel einbehalten. Falls der berühmte Fall eintreten sollte und ein Deutscher würde eine Palästinenserin im Gazastreifen heiraten wollen, dann müsste er das in Israel tun.

Es war ein großer Trick, mit dem Ariel Scharon die ganze Welt gewissermaßen betrunken machte: So, als ob er damit einen wirklichen Schritt zum Frieden geleistet hätte. Unbestreitbar ist: Die Besatzung dauert an, und zwar mit anderen Methoden. Absperrung zu Wasser, in der Luft und am Boden, Kontrolle der Hilfs-, Nahrungs- und Investitionsgüter, die durch Israel hineinkommen, ein völlig ungesicherter Status … Dass Israel sich als Besatzungsmacht das Recht gibt, zu jeder Tages- und Nachtzeit in den Gazastreifen einzumarschieren oder mit Düsenjägern oder Hubschraubern oder Drohnen dort Raketen und Granaten gezielt in Wohnhäuser oder fahrende Autos zu lenken, um damit die machtvollen Tötungen aus der Luft zu vollziehen und den Widerstand, wie man hoffte, immer wieder zu ersticken, wird fast jede Woche wieder deutlich. Dieser rechtfertigt jedoch keineswegs die irrwitzigen mörderischen Raketen-Angriffe auf Orte wie Sderot.

Das Gebilde oder das Phänomen (das sind die beiden Worte, die mir aus meiner politischen Schüler-Sozialisation aus dem Mund des damaligen Bundeskanzlers Kiesinger erinnerlich sind, der damit die DDR kennzeichnete) Gaza ist völkerrechtlich und UNO-rechtlich auch mit einem gesunden Menschenverstand nicht mehr fassbar. Israel hat sich zurückgezogen, um die Kontrolle dort für immer aufrechtzuerhalten. Der Anspruch, überall in der Region zu Lande, zu Wasser und in der Luft zuschlagen zu können mit einer immer besser, und technologisch immer potenteren Armee, Luftwaffe und Marine, wurde bei einer Friedensflottille von neun Schiffen aus verschiedenen Himmelsrichtungen (Irland, Malta, Türkei, Zypern) ganz besonders deutlich. Israel nahm sich das Recht, auf internationalen Gewässern Schiffe anzugreifen, die die Küste von Gaza erreichen wollten, um im Hafen von Gaza-Stadt Hilfsgüter, Zement, Baumaterialien, Rollstühle, Nahrungsmittel usw. abzuliefern. Am 31. Mai 2010 enterten israelische Soldaten einen Hilfstransport in internationalen Gewässern, töteten zahlreiche Helfer und beschwerten sich dann noch bei der internationalen Weltöffentlichkeit, dass sich einige der Solidaritätskämpfer auf dem Schiff „M/S Mavi Marmara" mit Knüppeln und sogar mit Messern gewehrt hätten.

Der Politik der Besatzungsmacht liegt die Vorstellung zugrunde, dass man solchen Widerstand durch Tötungen, Zerstörungen, massenhafte Verhaftungen und Gewaltaktionen behindern und beenden könne. Aber auch durch das Gegeneinanderausspielen der verschiedenen Akteure. Lange hat Israel sich der Hamas bedient, um sie gegen die Fatah von Palästinenserführer Jassir Arafat in Stellung zu bringen. Denn ein Gegner wird nach militärischer Logik geschwächt, wenn man ihn zwingt, auf verschiedenen Fronten und dann sogar noch gegeneinander zu kämpfen. Das totale Scheitern westlicher, insbesondere israelo-amerikanischer Politik zeigte sich ja immer wieder in den ungeheuren Waffenbeständen, die man den Milizen, der Polizei und den verschiedenen Geheimdiensten der Palästinenser hatte zukommen lassen.

Israel hat lange Jahre bis zu dem Oslo-Protokoll gebraucht, bis es endlich begriff, dass es entgegen der weitverbreiteten Meinung von Golda Meir die Palästinenser doch gab und dass man gut daran tat, mit der Fatah und der PLO von Arafat zu verhandeln. In diesen Jahren hatte man erst mal fröhlich und tatkräftig die Konkurrenz gefördert. Die kräftigste Konkurrenz war die aus den einstigen Beständen der Muslimbrüderschaft sich speisende Hamas, die sich anfangs aber noch nicht so nannte. 1967 kam der Gazastreifen als besetztes Gebiet unter die Kontrolle der Besatzungsmacht Israel (vorher hatte Ägypten das Gebiet unter seiner Kontrolle). Im Oktober 1954 hatten sich die Muslimbrüder in Ägypten durch einen Attentatsversuch gegen den panarabisch beliebten und fähigen ägyptischen Präsidenten Gamal Abdel Nasser unbeliebt gemacht und mussten in den Untergrund.

Vorbild für die Hamas waren die ägyptischen Fedajin, die das ägyptische Militär ausgerüstet und ausgebildet hatten, damit die kriegerischen Konflikte durch Guerilla-Angriffe immer wieder aufgenommen würden. Zwei militante Palästinenser waren für den Kontakt zu den Muslimbrüdern besonders wichtig: Khalil al Wazir und Salah Kalaf. In der Zeit nach 1956 war der ägyptische Staatspräsident Nasser ganz gegen neue Waffengänge mit Israel: Er wollte damals jegliches neues Aufflammen der Konflikte mit Israel verhindern.

Der spätere politische und geistliche Führer der Hamas, Ahmad Jassin, wurde 1936 in dem unweit der israelischen Stadt Aschkelon gelegenen Dorf Al-Dschora geboren. Er war Sohn eines wohlhabenden Besitzers von Weinbergen und Obstplantagen. Der Vater starb, als Jassin fünf Jahre alt war. Jassin verehrte seine Mutter wegen ihrer Frömmigkeit. Es wird erzählt, dass sie eine Stimme aus dem Himmel hörte, während sie Jassin im Mutterleib hatte, dass sie ihn Ahmad nennen solle.

Jassins Kindheit ist 1948 zu Ende, als sein Heimatdorf von den Israelis zerstört und die Bewohner vertrieben wurden. Die Jassins konnten in dem Flüchtlingslager Schati unterkommen. Der dann 13-jährige Ahmad Jassin musste erst mal in einem Lokal arbeiten, um seine Familie zu unterstützen. Dann aber konnte er das Abitur machen am „Filastin"-Gymnasium. In der am Strand liegenden Abu-Hadra-Moschee gab es ein großes Programm für junge Gazabewohner, mit einem Angebot an attraktiven sportlichen Betätigungen.

1968 wurde Jassin nach einer Freitagspredigt in der Moschee von den israelischen Militärs einberufen und ermahnt, keine Hetzreden gegen Israel zu führen. Daraufhin wurde er vorsichtiger. Er bekam Geld von Saudi-Arabien, das der beste Unterstützer seines „Verein des Islamischen Zentrums" war. Das Hauptziel war, der Moschee ihren traditionell zentralen Platz im Leben der Muslime wieder vorzusehen.

Die israelische Taktik war damals, den Islam als Gegengewicht zur PLO aufzubauen. Auf den Punkt gebracht: Die Palästinenser sollten sich lieber mit Gott als mit dem Terrorismus beschäftigen. Davon, wie die Besatzungsmacht Israel immer wieder versuchte, die Gruppen gegeneinander auszuspielen und mit Zuckerbrot und Peitsche arbeitete, zeugte der Besuch des israelischen Militärgouverneurs Itzhak Segev bei Scheich Jassin. Segev überredete Jassin, sich angesichts der ständigen Verschlechterung seines Gesundheitszustandes zu einer medizinischen Untersuchung und zum Check-up in ein großes gutes Krankenhaus in Tel Aviv zu begeben. Der Militärgouverneur spekulierte darauf, dass ein solcher Krankenhausaufenthalt Jassin den Ruf eines Kollaborateurs einbringen könnte.[2] Doch Jassin weigerte sich, in ein israelisches Militärfahrzeug zu steigen und setzte durch, dass ihn ein ziviler Ambulanzwagen nach Tel Aviv fahren würde. Er wurde am nächsten Tag in Gaza wieder herzlich empfangen.

Segev gab sich nicht geschlagen. Er machte mehrere Besuche bei Jassin, um den Eindruck zu erwecken, dass er enge Kontakte zur Besatzungsarmee halte. Daraufhin nahm Israel die Säkularen und die Islamisten immer mehr in den Blick, besonders Jassins Bewegung, die Hamas. Die Hamas wurde damals nicht nur toleriert, sondern deren Erstarkung auch deutlich gefördert. Die Motivation dazu bringt Moshe Arens, der von 1982 bis 1984 Verteidigungsminister und Oberbefehlshaber der Armee war, deutlich zum Ausdruck: „Zweifelsohne sah man darin (also in den Aktivitäten der Islamisten) ein gesundes Phänomen, das die PLO stoppen könnte. Vonseiten des Militärs und des Inlandsgeheimdienstes Schabak gab es wohl den Versuch, die Fundamentalisten als Gegengewicht zur PLO zu fördern."

Eine Strategie, von der Israel aber bald wieder abließ – und ins Gegenteil wendete: Ahmad Jassin wurde am 22. März 2004 mitsamt sieben anderen Palästinensern beim Verlassen einer Moschee ermordet, 27 Menschen wurden beim Anschlag verletzt. Am 14. April 2004 tötete Scharons Apparat auch den Nachfolger von Jassin, den Kinderarzt ar-Rantisi.

Im August 2005 kam es zum Abzug der Bodenarmee Israels aus dem Gazastreifen – aber nicht zum Ende der Besatzung. Es kam dann zu den berüchtigten Parlamentswahlen in dem „Land", das wir Palästina nennen: Die Hamas errang dabei am 25. Januar 2006 so etwas wie einen Erdrutschsieg. Sie erhielt bei der ersten Wahl, an der sie überhaupt teilnahm, 74 Sitze im Parlament Palästinas, während sich die Fatah mit 45 Abgeordneten begnügen musste.

Damit hatte sich eine Situation ergeben, die die Internationale Staatengemeinschaft vor eine Herausforderung stellte. Man hielt die Hamas für unzurechnungsfähig und terrorträchtig und ließ sich auf keinen Kontakt ein. Dennoch: Die Hamas war gewählt.

Einem Putsch der von den USA bezahlten Sicherheitsagentur der PLO-Fatah kam die Hamas mit einem regelrechten „Staatsstreich" in Gaza zuvor. Sie errichtete daraufhin so etwas wie eine eigene Diktatur in Gaza. Seit dieser Zeit leben die Bewohner des Gazastreifens sehr schlecht. Zwischendurch führen die Fanatiker der Hamas ihre sogenannten Widerstandsaktionen mit ihren Qassam-Raketen auf die israelische Stadt Sderot durch, woraufhin Israel in den Weihnachtstagen des Jahres 2008 mit einem großen Krieg mit 1400 Toten und der Zerstörung unzähliger Häuser und Einrichtungen auf Gaza reagierte: Operation „Gegossenes Blei" hieß die Militärwalze, die sich da über diesen kleinen, geschundenen Landstrich breitmachte.

Weniger als vier Monate zuvor war ich noch im Gaza-streifen gewesen. Und noch heute sind mir die Eindrücke und Erlebnisse unmittelbar vor Augen. Ich will sie im Folgenden schildern.

Als ich nach einem Kilometer durch den oberirdischen Tunnel auf dem Boden dessen ankomme, was wir geo-politisch den Gazastreifen nennen, fällt mir spontan der einstige CDU-Bundeskanzler Kurt Georg Kiesinger ein, der von der DDR immer abschätzig als einem „Gebilde", manchmal auch als einem „Phänomen" gesprochen hatte.

Doch selbst das sind nur hilflose Begriffe, die der ein-maligen Realität nicht gerecht werden, die ich hier vor mir habe. Der Gazastreifen ist eine Weltraumkapsel, eine von Menschen überfüllte politische Wüste, ein Volk ohne Land, anderthalb Millionen Menschen ohne Land und kaum zu beschreiben. Nicht einmal der ostafrikanische Nicht-mehr-Staat Somalia ist damit vergleichbar, ein Volk dort, das seinen Staat verloren hat, das aber immer-hin einmal einen Staat hatte. Kein Völkerrechtler kann den Gazastreifen klassifizieren, keine UNO, kein Haager Weltgerichtshof, keine EU – das Gebilde ist ein völker-rechtliches Unding, so etwas hat es bisher noch nicht ge-geben.

Israel ist durch die Entscheidung seines Minister-präsidenten Ariel Scharon dieses Gebiet im August 2005 einseitig ohne bilaterale und internationale Einbindung losgeworden und versuchte etwas Groteskes: Eine Besat-zung zu installieren ohne Soldaten-Besetzung. Denn eine hermetische Kontrolle dieses winzigen Stücks Erde wird von Israel an all seinen Grenzen zu Lande, zu Wasser und in der Luft aufrechterhalten. Deshalb muss man von der Besetzung des Gazastreifens sprechen. Erreichbar nur über den Grenzübergang Erez, der sich als gewaltiger Immigrations- und Grenz-Popanz entpuppt.

Ein gigantisches Abfertigungsgebäude steht da plötzlich vor einem mit acht Schalterhallen und acht Schaltern; es macht den Eindruck, als würde an diesem Ort ein lebhafter Grenzverkehr toben. Nun hat vor zwei Jahren – im März 2006 zum jüdischen Purimfest – der letzte Palästinenser den Übergang Erez in Richtung Israel passiert, um dort zu arbeiten. Früher, vor dem Entstehen dieses Betontempels, haben Tausende, ja Zehntausende ihre Arbeitsstelle gehabt in Restaurants, auf Baustellen oder in Fabriken in Ashkelon, Ashdod, sogar in Tel Aviv. Seit Juni 2007, seit die Hamas allein in Gaza regiert, läuft hier nichts mehr.

Man muss viele Fragen am israelischen Passschalter beantworten, eine anstrengende Prozedur, bekommt einen Ausreisestempel und nach der Rückkehr aus Gaza einen Einreisestempel. Das Ganze wirkt kafkaesk, paradox, der Besucher übertritt die Grenze in ein juristisches Niemandsland, für das Israel weiter zuständig bleibt. Und so gibt es auch in Gaza keine Gaza-Einreisestempel. Ich bin also über Erez aus Israel hinausgekommen und zugleich nach Israel hineingekommen. Das macht eine ganze Seite in meinem Pass, die verbraucht ist.

Mitten in Gaza-Stadt werden wir auf den „Friedhof der Gazafabriken" geführt, wo für jedes geschlossene Unternehmen ein Grabstein und eine Ruhestätte steht. Und ein Grabkreuz vermerkt die Zahl der Mitarbeiter, die alle jetzt arbeitslos sind. Jamal al-Koudhari, Chef des Volkskomitees zur Beendigung der Abriegelung, bezieht eindeutig Stellung: „Die Behandlung des Gazastreifens verletzt die Genfer Konventionen und bricht internationales Recht."

Ich treffe auch Nasser al-Helou, den Chef einer Firma für Hochsicherheitsstahltore, die er mit seinem Betrieb und der Produktion bis Ende 2007 durchhielt. Inzwischen hat er seinen Betrieb aufgegeben, seit Januar 2008 steht alles still. Dieser Friedhof zeige, dass die Wirtschaft Palästinas begraben sei. Ein junger Geschäftsmann, Saed Abu al-Ouf, hatte eine Firma aufbauen und Toilettenartikel herstellen wollen. Er hatte deshalb die Produktionsanlagen in Taiwan eingekauft und schon 100.000 US-Dollar vorausgezahlt. Wegen der Grenzsperre könne davon aber nichts nach Gaza importiert werden. Der Unternehmer müsse seit neun Monaten 50 US-Dollar Standgebühr pro Tag und Container aufbringen. Und es seien insgesamt 20 Container, die an der Grenze stehen. „Welches Sicherheitsrisiko geht für Israel von einer Fertigungsstraße für Toilettenartikel aus?", fragt al-Helou.

Wir fahren in der Stadt weiter zum Al-Shifa-Hospital und zum Prinz-Najef-Onkologie-Zentrum. Dort zeigt mir der Arzt Dr. Raed al-Jazzar mehrere funkelnagelneue Untersuchungsgeräte, die alle bisher nicht eingesetzt werden können, weil das dafür notwendige Material zum Betrieb nicht eingeführt werden darf.

Die Not betrifft alle Ebenen des wirtschaftlichen Lebens: Von einst 4000 Werkstätten und kleinen Handwerksbetrieben mussten 3900 schließen.

Aber man wird hier niemanden verhungern lassen, es wird auf den Straßen keine Leichen geben, die man dort aufsammeln muss. Die UNRWA – die UN-Hilfsorganisation für die Flüchtlinge Palästinas – wird immer so viel Nahrungsmittel nach Gaza bringen können, dass hier niemand wegen Hungers stirbt.

Nach einem Tag im Gazastreifen fahre ich zurück. Meine Begleiter – Professor Norman Paech, damals noch Bundestagsabgeordneter, wie auch der deutsche Staatsbürger palästinensischer Herkunft, Abdel Hadi – dürfen nicht mit mir nach Gaza. Sie haben den Besuch „nur" über die israelische Botschaft in Berlin angemeldet. Auf dem Weg zurück sehe ich bei Erez ein riesiges Trümmerfeld. Das sind die Reste eines früheren Industrieparks, wahrscheinlich mit Geldern der EU gebaut, den die Luftwaffe Israels mal so eben in den Boden gestampft hat. Auf der Fahrt gibt es einen Halt bei der Registrierungsstelle der Gaza-Verwaltung – einen Kilometer weiter folgt mit Erez der verwirrendste Grenzkontrollpunkt, den ich in meinem Leben je erlebt habe. Selbst die nordkoreanische Grenzabfertigung in Pjöngjang ist dagegen die reinste Spielwiese. Es sind mehrere schwere metallische Gittertüren, die ich zunächst passieren muss. Erst dann folgt der rein israelische Teil, in dem man durch eine Kamera gelotst wird, bis sich eine riesengroße Metallpforte öffnet, hinter der die Grenzgänger ihr Gepäck auf einen Tisch legen und öffnen müssen. Es folgt erneut eine Tür, bei der man auf ein grünes Lichtsignal wartet, während das Gepäck in großen Wannen wegfährt und durchsucht wird.

Dann folgt der Höhepunkt dieser demütigenden Abwicklung: Als Grenzgänger muss man in eine Zelle, die von außen und von oben einsehbar ist und in der man sich wie in einem verschlossenen Käfig fühlt. In diesem Untersuchungsverlies hat man seine Füße auf zwei markierte gelbe Fußsohlen zu stellen und die Arme weit nach vorn zu strecken. Ist das geschehen, bewegen sich zwei metallische Rundkörper kurz hintereinander um einen herum, von denen man nicht weiß, ob es sich um

Röntgengeräte oder etwas anderes handelt. Danach öffnet sich wieder eine Tür und ich werde aus einem über mir liegenden Kontrollraum, in dem sieben Beamte hinter einer Glasfront stehen, streng aufgefordert, zurückzugehen und meine Füße noch einmal auf die gelben Fußsohlen zu stellen. Wenn man die Stimme des Beamten schlecht versteht, gilt man für die Kontrolleure als aufsässig.

Nach der dritten Wiederholung in der Zelle begreife ich: Ich soll die ganze Übung noch einmal absolvieren, dabei aus meiner Hemdtasche die Visitenkarten herausholen, die man auf irgendwelchen Monitoren gesehen hat. Dann erst darf ich in das Kontrollhaus zur eigentlichen Passkontrolle. Es ist überstanden. Gott sei Dank, kann ich nur sagen.

Es ist traurig, dass den Palästinensern ein solches Vorgehen inzwischen schon als „normales" Verhalten Israels erscheinen muss. Auch bei diesem Thema hilft mir der Rückgriff und die Besinnung auf meinen Lehrer Martin Buber.

Buber saß 1956 in den Versammlungen und Sondersitzungen des Ichud in der Zeit der ersten zwei Kriege und ihrer Nachwirkungen. Buber war noch Zeitzeuge des Sinai-Feldzugs 1956 und hörte beim Ausbruch dieses Feldzugs am 29. Oktober 1956 von einem tragischen „Zwischenfall": Die palästinensischen Dörfer an der jordanischen Grenze bekamen strenge Ausgangssperren aufgebrummt. In einem dieser Dörfer, Kafr Kassem, wurden 43 Dorfangehörige – Männer, Frauen und Kinder – einfach von der Grenzpolizei exekutiert, als sie nach Inkrafttreten der Ausgangssperre von der Feldarbeit heimkehrten. Buber wurde gebeten, für diese unschuldigen Opfer einer staatlichen Maßnahme des neuen Staates Israel einen Brief an den amtierenden Ministerpräsidenten Ben Gurion zu schreiben.

In dem Brief vom 15. November 1956 rekapituliert Buber noch mal dieses furchtbare Massaker: „Um fünf Uhr morgens war am 29. Oktober 1956 das Ausgangsverbot verhängt. Den Dorfvorstehern wurde dieses Verbot erst kurz vor dem Inkrafttreten kommuniziert. Auf die Frage, was denn mit den zahlreichen Arbeitern geschehen solle, die erst nach Beginn der Ausgangssperre von den Feldern zurückkehrten, erhielten die Dorfvorsteher die Antwort: Dass dies in Ordnung sein werde. Als die Arbeiterinnen und Arbeiter in ihren Lastwagen in die Nähe des Dorfes kamen, wurden ihre Insassen herausgeholt, an den Straßenrand gestellt und mit Maschinengewehren erschossen."

Buber forderte im Auftrag des Verbandes Ichud vom Premierminister Israels, dass alle Schuldigen vor Gericht gestellt werden. Die Verhandlungen vor Gericht müssten öffentlich sein, die Familien der Ermordeten eine volle Entschädigung bekommen – nach den für die jüdische Bevölkerung geltenden Regeln.

Was geschah: In der Tat verurteilte Ben Gurion das Geschehen in der Knesseth am 12. Dezember 1956: „Ein Schlag ins Gesicht der heiligsten Grundlagen menschlicher Moral." 1958 wurden acht beteiligte Soldaten zu Gefängnisstrafen zwischen 7 und 14 Jahren verurteilt. Bereits 1959, nicht einmal drei Jahre später, wurden alle Täter begnadigt.

All das, was um die Free-Gaza-Schiffsaktion (Mai bis Juni 2010) und auch im Zusammenhang der Reise des deutschen Ministers für Wirtschaftliche Zusammenarbeit und Entwicklung, Dirk Niebel (20./21. Juni 2010), passierte, dem die Einreise in den Gazastreifen verweigert wurde, bestätigt den Beobachter in der Einschätzung: Israel hat noch nicht angefangen darüber nachzudenken, wie es in Zukunft sein Leben und die Sicherheit seiner Bewohner garantieren und zufriedenstellend aufrechterhalten will, wenn es weiterhin alle seine Nachbarn zu Nicht-Nachbarn und Feinden erklärt und nur Kriege führt, um die Nachbarn in Schach zu halten.

Der schöne Schein der Freiheit
Die Besatzungsmacht Israel

Es wäre für Palästina besser und für die Realisierung und Normalisierung des Staates günstiger, es gäbe keine Palästinensische Autonomiebehörde. Das wäre alles unendlich viel eindrucksvoller als der Zustand, in dem uns ständig vorgegaukelt wird, es wäre alles auf bestem Wege über Verhandlungen. Da wird erzählt, dass es indirekte Verhandlungen gebe – und wenn die indirekten Verhandlungen begonnen haben, dann kann man einmal über direkte Verhandlungen nachdenken …

Warum sagt der sogenannte Präsident nicht in Ramallah, dass es überhaupt nicht um Verhandlungen geht, sondern vielmehr um das Ende der Besatzung?! Um die Besatzung zu beenden, brauchen wir weder indirekte noch direkte Verhandlungen. Das ist ein völkerrechtlich illegaler Zustand, der spätestens vor 40 Jahren hätte beendet werden müssen. Denn Besatzung darf man nicht aufrechterhalten und es ist auch nicht in das Belieben eines Besatzers gestellt, die Besatzung so lange auszudehnen, wie ihm das gefällt.

Aber das macht dieser sogenannte Präsident nicht. Er spielt die Rolle des nützlichen Idioten, und den haben fast alle palästinensischen Führer mehr oder wenig schlecht gespielt. Nützliche Idioten sind sie schon deshalb, weil sie Israel ein herrliches Alibi geben: Sie halten sich an ihren Verhandlungspartner, tun so, als ob da zwei Staaten wären, aber der eine Staat macht dauernd Übergriffe mit seinen Raketen, mit seinen Qassam-Raketen, mit seinen Terroristen usw. Und diese Regierung und dieser Präsident kann das nicht ändern. Also muss man diesen Präsidenten wirklich in seinem jetzigen Status sehen: als abhängiger Beschäftigter von Israel.

Die Welt hat sich an diesen Zustand wunderbar gewöhnt. Und keiner merkt mehr, dass alles daran total falsch ist. Wir haben alle Organisationen dort, wir haben alle politischen Stiftungen dort. Die Heinrich-Böll-Stiftung, die GTZ, der Deutsche Entwicklungsdienst, die Friedrich-Naumann-Stiftung, die Konrad-Adenauer-Stiftung, die Friedrich-Ebert-Stiftung, sie sind alle dort und haben ein Büro. Sie tun alle so, als ob sie da sind, am Wochenende sind die Vertreter dieser Organisationen und Stiftungen natürlich in Jerusalem, weil es sich da leichter und gemütlicher leben lässt.

Das Land lebt auf Pump. Es hat keine funktionierende Wirtschaft, keinen funktionierenden Export. Es lebt total von den Hilfebudgets von außen; alles, was in der Westbank und im Gazastreifen passiert, wird von außen finanziert. Es ist eigens eine UNO-Organisation entstanden, in die alle westlichen Regierungen ohne Unterlass Geld pumpen, mit deren Hilfe die Menschen im Gazastreifen und in den Flüchtlingslagern der Westbank überleben. Das Hilfswerk der Vereinten Nationen für Palästina-Flüchtlinge im Nahen Osten (UNRWA) entlastet damit die Verpflichtung des Besatzers, für die Versorgung der Zivilbevölkerung im besetzten Gebiet zuständig zu sein. Und im Gazastreifen werden jetzt auch noch die letzten Reste der produzierenden Firmen kaputt gemacht. Die Devise lautet: Keine Produktion. Ich sah in Gaza-Stadt noch vor dem Gazakrieg

Ende 2007 die Grabstellen für die einzelnen untergegangenen und zerstörten Firmen im Gazastreifen, die alle ihre bestellten Materialien und Rohstoffe nicht in das Land hineinbekommen konnten und deshalb die Arbeiter entlassen, die Produktion aufgeben und die Fabrik schließen mussten.

Alles ist fremdfinanziert. Und das Geld ist so wenig wert, dass Israel das alles zerschlagen konnte und dann nur sagte: „So what!" Stattdessen forderte Israel die Europäische Union auf, diese Infrastruktur neu aufzubauen und die hier eingesetzten Hunderte von Millionen Euro schlichtweg abzuschreiben. Ich erinnere mich noch an die Diskussionsrunde in der Sendung von Sabine Christiansen. Shimon Stein, erst kurz zum israelischen Botschafter in Deutschland ernannt, sagte mit großer Emphase: Da kommt eine neue große Aufgabe auf die Europäische Union zu, das alles zu erneuen, wenn der alte Teufel Jassir Arafat abgetreten ist. Damals war der Journalist Ulrich Kienzle noch ein richtiger Kämpfer und sagte dem Botschafter platt und direkt ins Gesicht: „Euer Scharon will keinen Frieden." Das ist eine Erkenntnis die sich erst langsam durchsetzen musste.

Der einzige deutsche Politiker, der ein Verständnis für den arabisch-nahöstlichen Raum und auch andere Kulturen hatte, war Hans-Jürgen Wischnewski. „Ben Wisch", wie er liebevoll unter uns Deutschen hieß, hatte mir am Totenbett geradezu noch eine Versicherung mitgegeben: Die Europäer sollten besser nicht diese Wiederaufbauarbeiten bezahlen, das sollten dieses Mal die US-Amerikaner machen. Denn nur dann würde sich Israel das mehrmals überlegen, ob es das einfach so zerstören kann.

Hier, wie überall und immer, müsse man eine ganz andere Strategie beginnen. Es geht um Gleichberechtigung, wie sie bereits Buber forderte. Auch er hatte die Gefährdung Israels im Blick, sah aber klarsichtig, dass man diese Gefährdung ins Unendliche und Monströse erweitert, wenn man sie durch die fortdauernde Verachtung, Diskriminierung und Besatzung verstärkt. Eindrucksvoll hält er fest: „Wer jetzt daran glaubt, dass der Krieg eine unabänderliche Sache ist, trägt willentlich oder unwillentlich, bewusst oder unbewusst zum Kommen des Krieges bei."

Epilog
Vom heiligen zum unheiligen Land

„Wer jetzt daran glaubt,
dass der Krieg eine unabänderliche Sache ist,
trägt willentlich oder unwillentlich,
bewusst oder unbewusst
zum Kommen des Krieges bei."

Martin Buber

Ich schreibe diese Zeilen in der wunderbaren Schule Talitha Kumi, die vor 160 Jahren von den Diakonissen in Deutschland für das damals noch heilige Land eingerichtet wurde. Diese Schule darf ohne Einschränkung als gut bezeichnet werden.

Vom Dach der Schule hat man einen Aus- und Überblick über alle unheiligen Tatsachen, die die eine Seite in diesem Konflikt geschaffen hat. Man kann über die Mauer, über die nächstliegende illegale Siedlung Gilo schauen, in das Land schauen, wo sich eine Siedlerstraße eingegraben hat. In der Ferne ist auch der israelische Checkpoint zu sehen, der Nicht-Israelis den Durchgang untersagt.

Nichts ist mehr heilig in diesem Land, in dem nur noch mit Waffengewalt Macht erhalten und ausgebaut wird, in dem Menschen und Völker mit sieben Meter hohen Mauern getrennt werden, in denen Straßen auf dem Gebiet eines Volkes gebaut werden, von dem sie gar nicht benutzt werden dürfen. Erbaut sind die Straßen vom privilegierten Volk der anderen Seite, das Wehrdörfer errichtet hat und einen Apartheidsstaat unterhält. Israel, das das Volk der Palästinenser stranguliert hält.

Helfer versuchen, ein wenig von der Mühe und Last der Menschen zu nehmen, aber das ist nur eine zeitweilige Entlastung. Für Diplomaten bleibt das Land immer ein fremdes Land – ohne Berührungspunkte und Gespür für das Leben der Menschen.

Alles ist falsch in diesem Palästina. Die Wehrdörfer führen wiederum dazu, dass die Palästinenser dort arbeiten können, die keinen Beruf erlernt haben und besser auch gar nicht erlernen sollen, denn ihre dienende und unterworfene Rolle scheint den Israelis zu gefallen.

Georg Dürr ist jemand, der am besten einschätzen kann, wie es in Palästina aussieht. Er hat hier an dieser strategisch privilegierten Stelle als Schulleiter von Talitha Kumi nicht nur gewirkt, gelebt und sechs Jahre gearbeitet. Er hat auch einen unglaublich guten Vergleichspunkt: Von 1984 an war er 13 Jahre in dem Apartheidland Südafrika. Das heißt, er hat auch die Wandlung des strengen Apartheidlandes Südafrika zum begonnenen Regenbogenland Südafrika unter dem sagenumwobenen und immer noch legendären Nelson Mandela erlebt. Angesichts der Lage Palästinas ist er jedoch sehr verzweifelt.

Es ist alles immer noch viel schlechter geworden – das war mein Eindruck seit 1982, als ich die Chance hatte, wegen des Libanonkrieges nach Israel hineinzukommen: Es ist an vielen Konfliktfeldern der Erde irgendwann dann doch besser geworden, zu einer Art Lösung oder zu einem modus vivendi gekommen. Hier jedoch ist alles immer schlechter geworden.

Es ist auch einiges fundamental falsch in diesem Palästina. Ich stehe oben auf dem Weinberg Daher und schaue mich um auf diesem Berg, der mitten in Palästina liegt, aber im Bezirk C, der in einem besetzten Gebiet liegt. Der Ort ist umgeben von mittlerweile sechs israelischen Siedlungen, die sich alle illegal in dieses besetzte Land gefressen haben. Es gibt im Tal, eingequetscht zwischen der Siedlung Betar Illit und Gavaot, dieses kleine palästinensische Dörfchen Nahalin; es gibt, eingeklemmt zwischen der expandierenden Siedlung Betar Illit und Newe Daniel, die palästinensische Ortschaft Hasan. Aber in diesem Palästina, dem der Ruf und der Anspruch des souveränen zweiten Staates spätestens seit 1967 zusteht, dürfen die Palästinenser nicht bauen. Die Israelis aber dürfen bauen wie verrückt. Sie weiten ihre Siedlungen aus. Als der US-Präsident Barack Obama am 4. Juni 2009 in Kairo seine wunderbare Rede an die muslimische Welt hielt, hatte er mit unmissverständlich klaren Worten verkündet, wer demnächst aufhören müsse, weiterzubauen: die Israelis. Und er hatte auch zum Ausdruck gebracht, dass der Unrechtszustand der Wehrdörfer beendet und auch zurückgefahren werden müsse.

Doch hat sich in Israel niemand an diesen Bescheid des wichtigsten Verbündeten und Schutzherrn Israels gehalten. Man hat weitergebaut, man hat neue Siedlungen in Ost-Jerusalem gebaut, sodass man heute von nicht weniger als knapp 500.000 sogenannten Siedlern in solchen Wehrdörfern ausgehen muss.

Weshalb man sie nur Wehrdörfer und nicht Siedlungen nennen kann? Sie sind schwerst bewacht und beschützt, das observierende Auge der israelischen Armee sorgt für sie Tag und Nacht.

Das ist alles fundamental falsch, gegen das Völkerrecht, gegen alle Gerechtigkeit, gegen jedes Rechtsempfinden. Wie sich Israelis fühlen in diesem Bewusstsein, etwas gegen die ganze Welt und ihre bisher praktizierte Gerechtigkeit und das bisher geltende Recht zu tun, weiß ich nicht. Ich kann nur ahnen und hoffen, dass sie sich darin nicht wohlfühlen. Denn mit diesem Missbehagen wäre wenigstens schon ein kleiner Lichtblick gegeben. Dann wäre nicht alles vergeblich und frustrierend.

Nein, von einem heiligen Land kann schon lange keine Rede mehr sein. Es ist wahrscheinlich das Land, in dem in der Weltgeschichte die meisten und blutigsten Kriege zu unseren Lebzeiten ausgefochten wurden.

Es ist gleichzeitig das Land, das uns aufgrund der Begründung eines menschheitsfeindlichen Terrorismus, der bis zum Abschuss von Flugzeugen und unzähligen Geiselnahmen führt, dazu zwingt, herabwürdigende und absurde Kontrollen über uns ergehen zu lassen.

Die drei großen abrahamitischen Religionen müssten, wenn sie ahnen würden, was sie da angerichtet haben, aus diesem unheiligen Land auf Zeit herausgehen und Buße tun, ehe sie es wagen könnten, wieder zurückzukommen. Im Namen des Herrn jagen sie sich die Ellbogen in die Rippen, jagen Berechtigte und Unberechtigte aus der Geburtskirche in Bethlehem und ahnen nicht, welches Leid sie da im Namen Gottes in die Welt bringen.

Nein, ich werde dieses Gebiet nicht mehr heiliges, sondern nur noch unheiliges Land nennen. Ich werde so lange bei diesem Titel bleiben, solange nicht die Palästinenser endlich ihren Staat haben, solange Israel seinen Staat als einen aller Bürger Israels versteht und erhält, solange die Palästinenser nicht versuchen, ihr Image als Terrorerfinder und Terrorfantasten endlich abzulegen, solange die drei Religionen nicht anfangen, jeden baulich-architektonischen Triumphalismus und jeden Versuch aufzugeben, das Land zu vergötzen.

Alle sind mit hineinverwickelt in den sündhaften Zustand, in dem das vermeintlich Heilige zum schrecklich und fratzenhaft Unheiligen mutiert ist. Auch die Christen und die christlichen Kirchen. Die Führer aller Gemeinschaften, die der politischen wie der kirchlichen Gemeinschaften, ragen nicht dadurch heraus, dass sie Vorbilder sind. Die Führer der christlichen Kirchen genießen die Privilegien, über Tel Aviv herauszugehen – und nicht, wie ihre einfachen Landsleute, sich die Ochsentour über die Allenby Bridge und dann Jordanien antun zu müssen. Und selbst die politischen Führer Palästinas sind zu größten Teilen gekauft und genießen ebenfalls Privilegien.

Wann endlich, wann endlich wird es den vorbildlichen Führer in Israel und einen ganz uneigennützigen, großen Führer in Palästina geben? Yitzhak Rabin scheint das wohl gewesen zu sein, dessen Andenken wir hochhalten sollten. Wo gibt es jemanden, der sich wie Sumaya Farhat-Nasser oder Madjid Nassar für seine palästinensischen Landsleute schlägt?

Das Volk hat lange genug gelitten, das jüdische in der Shoa, das palästinensische in der jahrzehntelangen Besatzung, als dass ich darüber geduldig und ruhig sein und werden könnte.

Ich bin nicht in der Lage, mich dem verachtesten Volk auf der Welt nicht verwandt und verschwistert zu fühlen als Mensch. Und das sind die Palästinenser.

Dass die Palästinenser in diesem unheiligen Verbund die verachteten Menschenkinder sind, scheint mir nicht zu beweisen zu sein. Ihnen traut niemand etwas zu, sie gelten als menschenfressende Ungeheuer, schlimm und noch schlimmer als Terroristen.

Sie können keinen Staat machen, wenn sie eine Führung haben, dann eine korrupte, sie können ihre eigenen Leute nicht schützen, sie sind durchfressen von heimlichen Agenten des israelischen Geheimdienstes.

Das hatte für mich zur Folge, dass ich mich fragen musste: Sind diese großartigen Menschen nicht meiner großen Liebe, Zuneigung und Solidarität wert, gerade weil sie so arm an wirklich guten Führungsgestalten sind?

Deshalb kann ich mich nicht von ihnen abwenden. Ich weiß zu gut, dass ich mich nachträglich davor gefürchtet habe, dass sich die Völker der Welt von uns Deutschen abwenden würden, die wir nun in der Menschheitsgeschichte versagt und gefallen waren wie kein anderes Volk. Das hat mich immer bewogen, mich neben den Israelis auch und gerade den Palästinensern zuzuwenden.

Anmerkungen

Ungeliebter Nachbar – Das Schicksal des Iran

[1] Andrea Claudia Hoffmann: Iran. Die Verschleierte Hochkultur, München 2009, S. 143.

[2] Andrea Claudia Hoffmann: Iran. Die Verschleierte Hochkultur, München 2009, S. 141.

[3] Stephanie Cooke: Atom. Die Geschichte des nuklearen Zeitalters, Köln 2010, S. 475.

[4] Navid Kermani: Der tiefe Riss im Khomeini-Land, Kölner Stadt-Anzeiger, 2. Februar 2009.

Feinde im selben Boot – Das Drama des Libanon ist auch das Drama Israels

[1] Amos Harel / Avi Issacharoff: 34 Days. Israel, Hezbollah and the War in Lebanon, New York 2008, S. 127–143.

[2] zitiert nach Gideon Levy, in Ha'aretz, 10. Juni 2007.

Der Blick des „Anderen" – Ein Jahr nach dem Libanon-Feldzug Israels

[1] Rolf Verleger: Israels Irrweg. Eine jüdische Sicht, Köln 2009, S. 4.

[2] Peter Scholl-Latour in einem ZDF-Interview, augestrahlt am 5. Juni 1983.

[3] Jacobo Timerman: Israels Längster Krieg. Tagebuch eines verlorenen Sieges, München 1983.

Macht und Ohnmacht – Die Erste Intifada – und wie anders die Sicht auf Israel und Palästina damals noch war

[1] David Grossmann: Eine Frau flieht vor einer Nachricht, München 2009, S. 479.

[2] Benjamin Beit-Hallahmi: Schmutzige Allianzen. Die geheimen Geschäfte Israels, München 1988.

Aufbruch und Aufrüstung – Von der Nation der Flüchtlinge zur imperialen Atommacht

[1] Shlomo Sand: Die Erfindung des jüdischen Volkes. Israels Gründungsmythos auf dem Prüfstand, Berlin 2010, S. 450.

[2] Stephanie Cooke: Atom. Die Geschichte des nuklearen Zeitalters, Köln 2009.

[3] Stephanie Cooke: Atom. Die Geschichte des nuklearen Zeitalters, Köln 2009, S. 304f.

[4] The Guardian, 10. Januar 2009.

[5] Amos Harel: Ha'aretz, 26. Januar 2009.

[6] Der Brief ist abdruckt in: Martin Buber: Ein Land und zwei Völker. Zur jüdisch-arabischen Frage. Herausgegeben und eingeleitet von Paul R. Mendes-Flohr, Frankfurt a.M 1993, S. 298–306.

[7] Martin Buber: Ein Land und zwei Völker, Frankfurt a.M. 1993, S. 320f.

[8] Martin Buber: Ein Land und zwei Völker, Frankfurt a.M. 1993, S. 322.

Die andere Seite – Verständnis für die Juden, die nach Israel gegangen sind

[1] Alexandra Senfft: Fremder Feind so nah. Begegnungen mit Palästinensern und Israelis, Hamburg 2009, S. 85–104.

[2] Martin Buber: Ein Land – zwei Völker, Frankfurt a.M. 1983, S. 221ff.

[3] Moshe Zimmermann: Die Angst vor dem Frieden, Berlin 2010, S. 96f.

[4] Moshe Zimmermann: Die Angst vor dem Frieden, Berlin 2010, S. 97.

Verbrüderung ist möglich – Israel – auch ein friedensbewegtes Land

[1] Uri Avnery: Mein Freund, der Feind, Bonn 1988, S. 362.

[2] Uri Avnery: Mein Freund, der Feind, Bonn 1988, S. 20.

[3] Amira Hass: Gaza. Tage und Nächte in einem besetzten Land, München 2003.

Gefährlicher Triumphalismus – Die Jahre 1948 und 1967

[1] Tom Segev: 1967. Israels zweite Geburt, München 2007, S. 664.
[2] Tom Segev: 1967. Israels zweite Geburt, München 2007, S. 670.

Land ohne Unterschiede? – Israel, die Ethnokratie

[1] Avraham Burg: Hitler besiegen. Warum Israel sich endlich vom Holocaust lösen muss, Frankfurt 2009, S. 200.
[2] Steffen Hagemann: Israel. Wissen, was stimmt, Freiburg 2010, S. 43.
[3] Richard Goldstone: Bericht der Untersuchungskommission der Vereinten Nationen über den Gaza-Konflikt (Goldstone Report): Menschenrechte in Palästina und anderen besetzten arabischen Gebieten, Neu-Isenburg 2010.
[4] Alexander Flores: Der Palästinakonflikt. Wissen, was stimmt. Freiburg 2009, S. 90.
[5] Daniel Barenboim in Die ZEIT, 10. Juni 2010.

Ungerechtigkeit in Stein – Von der „Eisernen Mauer", Wehrdörfern und den unbittlich-aggressiven Siedlern

[1] Noam Chomsky: Die Einreise nach Israel, Die ZEIT, 20.05.2010.
[2] Predigt vom 24. Dezember 2009, in der Marktkirche Hannover.

Mut und Entschlossenheit – Die Rolle der Christen

[1] Helmut Schmidt: Außer Dienst. Eine Bilanz, Berlin 2010, S. 305.

Besetztes Land ohne Rechte – Die Situation im Gazastreifen

[1] Stefan Zweig: Die Welt von gestern, Frankfurt 1962, S. 159.
[2] Joseph Croitoru: Hamas, Auf dem Weg zum palästinensichen Gottesstatt, München 2009 S. 51f.

Literatur

Albright, Madeleine: Madam Secretary. Die Autobiographie. Bertelsmann München 2003

Avnery, Uri: In den Feldern der Philister. Meine Erinnerungen aus dem israelischen Unabhängigkeitskrieg. Diederichs Kreuzlingen 2005

Backmann, Rene: A Wall in Palestine. Picador New York 2010

Barenboim, Daniel / Said, Edward: Parallelen und Paradoxien. Berlin Verlag Berlin 2004

Benz, Wolfgang: Was ist Antisemitismus? C.H. Beck München 2004

Brecher, Daniel Cil: Fremd in Zion. Aufzeichnungen eines Unzuverlässigen. DVA München 2005

Bremer, Jörg: Unheiliger Krieg im Heiligen Land. Nicolai Berlin 2010

Buber, Martin: Ich und Du. Reclam Stuttgart 1995

– Ein Land und zwei Völker. Zur jüdisch-arabischen Frage. Jüdischer Verlag Frankfurt 1983

– Politische Schriften. Zweitausendeins Frankfurt 2010

Burg, Avraham: Hitler besiegen. Campus Verlag Frankfurt 2009

Clot, Ziyad: Il n'y aura pas d'Etat Palestinien. Paris 2010

Farhat-Naser, Sumaya: Thymian und Steine. Eine palästinensische Liebesgeschichte. Lesbos Zürich 1998

– Verwurzelt im Land der Olivenbäume. Eine Palästinenserin im Streit für den Frieden. Lesbos Zürich 2002

Friedman, Thomas: From Beirut to Jerusalem. One Man's Middle Eastern Odyssey. London 1990

Greiner, Margret: Jefra heisst Palästina. Ein Mädchen in Jerusalem. Piper München 2005

Grosser, Alfred: Von Auschwitz nach Jerusalem. Rowohlt Reinbek 2009

Gresh, Alain: De quoi la Palestine est-elle le nom? Paris 2010

Harper, Jeff: Obstacles to Peace. A Re-Framing of the Palestinian.-Israeli Conflict. Jerusalem 2005

- Ein Israeli in Palästina. Israel vom Kolonialismus erlösen. Aphorisma Berlin 2010

Hass, Amira: Gaza – Tage und Nächte in einem besetzten Land. C.H. Beck München 2003

- Bericht aus Ramallah. Eine israelische Journalistin im Palästinensergebiet. Diederichs Kreuzlingen 2004

Hirst, David: Beware of small States. Lebanon, Battleground of the Middle east.Faber and Faber London 2010

Langer, Felicia: Lasst uns wie Menschen leben! Schein und Wirklichkeit in Palästina. Lamuv Göttingen 1999

Levy, Gideon: Schrei, geliebtes Land. Leben und Tod unter israelischer Besatzung. Melzer Neu-Isenburg 2005

Marx, Bettina: Gaza. Berichte aus einem Land ohne Hoffnung. Zweitausendeins Frankfurt 2009

Neudeck, Rupert: Ich will nicht mehr schweigen. Über Recht und Gerechtigkeit in Palästina. Melzer Neu Isenburg 2005

Neudeck, Rupert / Ruegenberg, Lukas: Janusz Korczak. Der König der Kinder. Butzon und Bercker Kevelaer 2000

Said, Edward: Das Ende des Friedensprozesses. Oslo und danach. Berlin Verlag Berlin 2002

Sand, Shlomo: Die Erfindung des jüdischen Volkes. Israels Gründungsmythos auf dem Prüfstand. Propyläen Berlin 2010

Schmidt, Helmuth / Stern, Fritz: Unser Jahrhundert. Ein Gespräch. C.H. Beck München 2010

Segev, Tom: Es war einmal Palästina. Juden und Araber vor der Staatsgründung Israels. Siedler München 2005

- Die siebte Million. Der Holocaust und Israels Politik der Erinnerung. Berlin 1995

- 1967. Israels zweite Geburt. Berlin 2007

- Die ersten Israelis. Die Anfänge des jüdischen Staates. Berlin 2008

- Simon Wiesenthal. Die Biographie. Siedler Berlin 2010

Thomas, Gordon: Gideon's Spies. Mossad Secret Warriors. New York 1999

Verleger, Rolf: Israels Irrweg. Eine jüdische Sicht. Papyrossa Köln 2009

Watzal, Ludwig: Feindes des Friedens. Der endlose Konflikt zwischen Israel und den Palästinensern. Aufbau Verlag Berlin 2001

Zang, Johannes: Unter der Oberfläche. Aphorisma Berlin 2008

Personenregister

235

Grünhelme e.V.

Der Grünhelme e.V. ist ein gemeinnützig anerkannter Verein mit Sitz in Troisdorf (Kupferstraße 7, 53842 Troisdorf – www.gruenhelme.de). Er wurde 2003 auf dem Höhepunkt des Irakkrieges von Rupert und Christel Neudeck sowie Aiman Mazyek gegründet. Er orientiert sich an dem in den 60er Jahren von John F. Kennedy initiierten „Peace Corps".

Der Verein hat elf Mitglieder und ein Kuratorium, in dem uns folgende Persönlichkeiten beraten und in der Öffentlichkeit unterstützen: Günter Grass, Wolfgang Thierse, Ruprecht Polenz MdB, Hans Koschnick, Norbert Blüm, Konstantin Wecker, Dieter Hildebrandt, Daniel Cohn-Bendit MdEP, Peter Scholl-Latour, Alfred Grosser, Barbara John, Thomas D, Walter Homolka u. v. a.

Die Grünhelme konzentrieren sich auf den Bau und Wiederaufbau von Häusern in Flut- (2010 Pakistan) und Tsunami-Gebieten (2005/06 Sumatra, Aceh und Java, 2006 Kaschmir), von Schulen und Kliniken in Afghanistan (seit 2003 bis 2011); auf den Bau von Berufsausbildungszentren – 2007 bis 2011 in Ruanda; 2008 bis 2011 in Mauretanien; 2011 in Palästina auf dem Berg Daher.

Besonders werben wir um Mitarbeiter aller Herkunft in Deutschland und wollen das friedliche Zusammenleben von Menschen jeder Glaubensrichtung fördern.

Wir suchen Mitarbeiter, möglichst aus den Berufen,

die bei Aufbauarbeiten dringlich gebraucht werden: Bau-
handwerker, Bauingenieure, Maurer, Zimmerleute, Sola-
ringenieure, Elektro-Techniker, Mediziner.

Sie können die Arbeit der Grünhelme e.V. auch finanziell
unterstützen.

Spendenkonten:

Grünhelme e.V.   Grünhelme e.V.
GLS-Gemeinschaftsbank eG   Deutsche Bank München
Konto 1070000   Konto 2000008
BLZ 430 609 67   BLZ 700 700 24

© Verlag Herder GmbH, Freiburg im Breisgau 2011
Alle Rechte vorbehalten
www.herder.de

Satz: Barbara Herrmann, Freiburg
Herstellung: fgb · freiburger graphische betriebe
www.fgb.de

Gedruckt auf umweltfreundlichem, chlorfrei gebleichtem Papier
Printed in Germany

ISBN 978-3-451-32367-6